Evan do Carmo

Agnelo Queiroz

Biografia Política

Evan do Carmo
01/01/2014

Agnelo Queiroz
Evan do Carmo

Programação Visual o Autor

Arte da capa o Autor

Revisão Iranete Pontes

Agnelo Queiroz

Biografia Política

Evan do Carmo – Brasília 2014.

200 p.

1. Literatura, Brasil 1. Jornalismo. I. Título

ISBN-13: 978-1494953898

ISBN-10: 1494953897

Composto e impresso no Brasil

Printed in Brazil

"O Medo é o Pai da Moralidade"

Nietzsche

A presente obra não se trata de uma biografia oficial, autorizada, até porque não necessitaria de tal autorização, pois se trata de uma coletânea de matérias publicadas em jornais, contudo houve um grande trabalho de pesquisa para organizá-la e concebê-la assim como veio à impressão.

"Não menospreze o poder da história"

Não faço nenhum juizo de valor

Sobre a pessoa do Governador Agnelo, embora o conheça até certo ponto na intimidade, especialmente como médico. Um grande profissional muito competente e, acima de tudo humanizado. Vi com os meus próprios olhos alguns anos de sua atuação no hospital do Gama, ele era de fato um ser humano apaixonante, pela maneira amorosa que tratava colegas e pacientes.

Como político, o entrevistei apenas uma vez, isto por meia hora, quando veio a Vicente Pires com ações do seu governo. Até poderia fornecer algum ponto de vista se isto acrescentasse o valor do trabalho de pesquisa que ora apresento.

Contudo acredito que este livro terá um papel fundamental em indicar aos eleitores de Brasília, isto aos que se interessar por esta obra, uma visão de como funciona a política no Brasil.

Não há verdade absoluta nas declarações ou nas informações aqui, especialmente nas que não foram ainda provadas e julgadas, todavia fazem parte das ações de políticos e eleitores, que muitas vezes se tornam aliados leais ou inimigos ferrenhos.

Portanto trazer este trabalho à luz, assim de forma organizada, como faço, creio está prestando um bom serviço à sociedade, pois o senso comum destorce os fatos, e muitas informações são editadas por profissionais desonestos para agradar, de alguma forma partidos ou pessoas envolvidas. Aqui o leitor fará a sua própria análise dos fatos, poderá por fim tirar suas próprias conclusões e, talvez lhe ajude a decidir para que lado tenderá na hora de votar para escolher mais um governador do Distrito Feral.

Evan do Carmo

Vida pessoal

Seu pai era Servidor Público Municipal e sua mãe ajudava na renda familiar com um salão de beleza semi-doméstico. Após concluir o segundo grau, Agnelo se mudou para Salvador, onde se formou em Medicina pela Universidade Federal da Bahia[1]. No curso conheceu Ilza Maria Santos Queiroz, com quem se casou e tem dois filhos.

Em meados dos anos 80 ele se transferiu para Brasília, para fazer a residência médica e iniciou sua atuação sindical como presidente da Associação Nacional dos Médicos Residentes[2].

Fez pós-graduação em Cirurgia Geral e Torácica[3] e, em 1989, foi nomeado chefe de cirurgia do Hospital Regional do Gama.

Carreira política

Eleito deputado distrital na primeira eleição para a Câmara Legislativa do Distrito Federal em 1990, pelo PCdoB. Sua atividade parlamentar o credenciou para uma vaga de deputado federal, em 1994, reelegendo-se em 1998 e novamente em 2002. Foi coautor, juntamente com o senador paulista Pedro Piva, da Lei nº 10.264 de 16 de julho de 2001, mais conhecida como Lei Agnelo/Piva, que estabelece o repasse de 2% da arrecadação bruta de todas as loterias ao Comitê Olímpico Brasileiro.

Foi ministro do Esporte do Governo Lula em 2003 até 2006, quando licenciou-se para candidatar-se nas eleições daquele ano a uma das cadeiras do senado pelo Distrito Federal. Mesmo derrotado por Joaquim Roriz, obteve a expressiva votação de 544.313 votos, 42,93% dos votos válidos.

Exerce o cargo de Diretor da Agência Nacional de Vigilância Sanitária desde 24 de outubro de 2007.

Desfiliou-se do PCdoB e, logo em seguida, a 09 de julho de 2008 filia-se ao Partido dos Trabalhadores.

Eleições 2010

No dia 31 de outubro de 2010 foi eleito pelo PT como governador do Distrito Federal, tendo como vice Tadeu Filippelli do PMDB. O petista recebeu 66,1% dos votos, contra 33,9% de Weslian Roriz (PSC), mulher do ex-governador Joaquim Roriz (PSC). Agnelo foi eleito apresentando propostas como criar o bilhete único no transporte coletivo, criar 400 equipes de Saúde da Família e uma Unidade de Pronto Atendimento em cada uma das 30 regiões administrativas do DF, reduzir pela metade o número de cargos comissionados, nomear servidores concursados além de construir pelo menos 100 mil unidades habitacionais.

Denúncias de Corrupção

Ministério dos Esportes

Segundo reportagem publicada no jornal O Globo, Agnelo Queiroz usou a estrutura do Ministério do Esporte para organizar a própria festa de aniversário de 45 anos. O gabinete despachou os convites e os funcionários da assessoria parlamentar do Ministério distribuíram para deputados na Câmara.[4]

Em 2008, foi acusado de ter recebido R$150.000,00 de uma ONG ligada ao Ministério do Esporte acusada de desviar 3,4 milhões de reais na gestão do então Ministro.[5]

Em 2011, Investigado pela Policia Federal no caso ANVISA, juntamente com Daniel Almeida Tavares e Marília Coelho Cunha.[6]

Em dezembro do mesmo ano o deputado federal Fernando Francischini (PSDB-PR) fez uma denúcia acusando o Governador Agnelo Queiroz de se beneficiar de um casal de empresários do ramo da saúde quando era diretor da Anvisa (Agência Nacional de Vigilância Sanitária). Em troca, os donos da companhia teriam vendido uma casa para o governador abaixo do valor de mercado e passado a familiares do petista quatro franquias na capital federal.[7]

Invasão de área pública

Em 2006, foi acusado de invadir área pública em sua casa no Lago Sul (DF) para construção de uma quadra de tênis, um campo de futebol e um pequeno lago. Também foi acusado de ter aumento do patrimônio acima da média, teria gasto valores não condizentes com a sua renda na compra e reforma da referida casa. A escritura da casa, do ano de 2007, refere a um valor total do imóvel de R$ 400 mil; porém, Agnelo informou à Justiça Eleitoral, em 2006, que dispunha de apenas R$ 45 mil em contas em quatro bancos e um apartamento no valor de R$ 78 mil.[8]

Operação Shaolim

Em 2010, foi acusado pela Polícia Civil do DF na operação batizada de Operação Shaolim, segundo a PCDF Agnelo recebeu R$ 256 mil desviados de programa do Ministério do Esporte através de duas associações de kung fu de Brasília, uma delas de propriedade de João Dias, policia militar e ex-companheiro de Agnelo no PCdoB do DF à época. O inquérito Foi encaminhado ao Ministério Público Federal.[9]

Mensalão no DF

Em janeiro de 2010, Agnelo Queiroz confirmou ter visto as gravações em vídeo de Durval Barbosa que mostram integrantes do Governo do Distrito Federal, incluindo o então governador José Roberto Arruda, recebendo dinheiro do esquema de corrupção no DF. De acordo com o próprio Agnelo Queiroz, ele esteve com Durval Barbosa em junho de 2009, mas resolveu não compartilhar essa informação com a Polícia Federal ou com seu partido (PT), uma vez que o próprio Durval já se comprometera a fazê-lo e também por não possuir as provas em seu poder. As investigações da Polícia Federal começaram em setembro de 2009.[10]

Carlinhos Cachoeira

A imprensa noticiou suspeitas da Polícia Federal sobre a relação de Agnelo Queiroz com o bicheiro Carlinhos Cachoeira após gravações da Operação Monte Carlo em que ele seria citado por membros da quadrilha de Cachoeira como envolvido.[11] Seu chefe de gabinete, Cláudio Monteiro, pediu exoneração após ter seu nome citado nas escutas.[12]

Matéria publicada pelo jornal O Estado de São Paulo mostra que houve pedido de Agnelo, assim que eleito, para que convênios do sistema de Limpeza Pública do DF e que beneficiam a empreiteira Delta, ligada ao esquema, fossem prorrogados.[13] Apesar de Agnelo inicialmente ter dito que nunca havia se encontrado com Cachoeira[14], através de um assessor, Agnelo admitiu ter conversado com Cachoeira em um evento quando era diretor da ANVISA (entre 2007 e 2010), durante o governo Lula.[15]

Resultado das Investigações Policiais

Ministério dos Esportes

Após dois anos tramitando, um dos inquéritos que apurava supostas irregularidades no programa "Segundo Tempo", do Ministério dos Esportes foi arquivado. O próprio Ministério Público Federal, depois de trocar a procuradora responsável pelo caso, reconheceu que não havia razão para a continuidade das investigações.

A procuradora Melissa Garcia Blagitz Abreu e Silva, ao analisar o inquérito, disse que a empresa Vivo Sabor forneceu lanches de qualidade e que continham em sua composição ingredientes mais caros dos que os indicados pelo Ministério dos Esportes, o que esvaziava as acusações. A procuradora afirmou ainda que não existe qualquer prova de conluio ou crime nos elementos analisados.

Em abril de 2012, a juíza Mônica Aparecida Bonavina Camargo acolheu o parecer do MPF e determinou o arquivamento do feito. [16]

Absolvição das acusações de superfaturamento

De acordo com a decisão do desembargador José Antônio Lisbôa Neiva, do Tribunal Regional Federal da 2ª Região, Agnelo não pode ser responsabilizado pelo suposto superfaturamento porque "não foi signatário do Instrumento Particular de Concessão de Direito Real de Uso firmado assinado em 5 de novembro de 2004 ou do contrato de compra a venda mútuos para a aquisição de terrenos". [17]

A defesa de Agnelo conseguiu o desbloqueio dos bens em outubro do ano passado, por meio de liminar impetrada reconhecida por decisão da 21ª Vara Federal do Rio de Janeiro. [18]

Inocentamento das acusações de adversários

Uma sindicância da Agência Nacional de Vigilância Sanitária (Anvisa) concluiu que o governador do Distrito Federal, Agnelo Queiroz (PT), é inocente da acusação de ter recebido uma suposta propina quando era dirigente da autarquia para autorizar a comercialização de um medicamento.

A denúncia contra o governador partiu do ex-funcionário da indústria União Química Farmacêutica, Daniel Tavares, que afirmou que Agnelo teria recebido R$ 5 mil como parte do pagamento de propina para a liberação de um medicamento. Em um segundo momento, Tavares disse ter recebido recursos de adversários de Agnelo para incriminá-lo. [19]

Sem envolvimento com Carlinhos Cachoeira

10

A Operação Saint Michel, da Polícia Federal, serviu de prova de que o governador Agnelo Queiroz não estava envolvido com o esquema do bicheiro Carlinhos Cachoeira. O porta-voz do governador, Ugo Braga, alegou que nenhum funcionário do governo foi pego nessa operação nem na Monte Carlo, que desmontou o esquema de Cachoeira. [20]

O relatório da Polícia Federal descreve em detalhes a atuação da quadrilha para roubar os cofres do Governo do Distrito Federal: eles queriam dominar os serviços de bilhetagem eletrônica e da coleta de lixo, por meio da empresa Delta. A quadrilha tentou se infiltrar no GDF para garantir cargos e contratos, mas não conseguiu. [21]

Ações como Governador do Distrito Federal

Passe Livre Estudantil

Em 2011, o governador Agnelo Queiroz garantiu o passe livre para os estudantes do Distrito Federal. Cerca de 165 mil pessoas foram beneficiadas com o transporte gratuito. Por meio da Secretaria de Transportes do DF e do DFTrans, o GDF firmou um acordo emergencial com a Fácil e repassou R$ 3 milhões para a realização das recargas dos cartões estudantis, que estão sendo feitas desde então, mensalmente. [22]

Estádio Nacional Mané Garrincha

Com a confirmação do Brasil como Sede da Copa do Mundo de 2014, [23] o governador Agnelo Queiroz deu andamento acelerado ás obras de reforma do novo estádio logo no primeiro de seu mandato.

Em 18 de maio de 2013, com 5 meses de atraso em relação à previsão inicial e após 2 adiamentos, o governador inaugurou o novo estádio. [24]

O custo da obra, integralmente paga com recursos públicos, foi superior a R$ 1,7 bilhão, tornando-o o segundo estádio mais caro do país. [25]

As obras do estádio se destacaram pelo caráter sustentável com diversas iniciativas como o aproveitamento da água das chuvas, que será armazenada em cisternas e utilizada em vasos sanitários, mictórios, irrigação e lavagem em geral. A arena ecológica ainda vai ter estrutura para captar energia solar e ser autossustentável, com a geração de 2,5 megawatts, energia suficiente para abastecer mil residências por dia. [26]

Devido a uma temporada de fortes chuvas entre Março e Abril, houve um prejuízo na execução das etapas que antecedem a colocação da grama, como por exemplo o serviço de terraplanagem, a drenagem do campo e a instalação de tubos coletores de água. Com isso, a delegação responsável junto com o governador Agnelo Queiroz, decidiram adiar a inauguração para o dia 18 de maio com o objetivo de manter a qualidade da obra. [27]

No dia 13 de maio, a comitiva formada pelos ex-jogadores Ronaldo e Bebeto, membros do Comitê Organizador Local (COL), o ministro do Esporte, Aldo Rebeldo, e o secretário-geral da Fifa, Jerome Valcke, realizaram a última vistoria no estádio antes de sua inauguração. O secretário-geral da Fifa elogiou a obra e a destacou como uma das melhores do mundo. Já o "Fenômeno" valorizou as ações promovidas pelo governador do Distrito Federal, Agnelo Queiroz,e também elencou as qualidades do Mané Garrincha, além lamentar não ter tido a oportunidade de jogar na arena e também elogiou a construção. [28]

Para a inauguração, o público é composto pelos trabalhadores do estádio e seus familiares. a presidenta Dilma Rousseff também foi convidada para a cerimônia. [29]

Mané Garrincha como segunda casa do Flamengo

O governador Agnelo Queiroz se reuniu com a dirigência do clube a fim de fazer com que Brasília seja a segunda casa do time. A capital tem o segundo maior número de sócio-torcedores do clube no país [30], e pensando em aproximar o time dos tocedores candangos, as negociações conseguiram fechar 8 jogos no estádio. A renda arrecada com os primeiros jogos do time na capital superaram os números de todo o campeonato estadual. O que animou a dirigência do clube a se firmar em Brasília. [31]

Reforma no transporte público

Em 2012, o governador Agnelo Queiroz abriu licitação para renovar 100% da frota de coletivos no DF para uma refomulação completa no sistema de transporte público, com a abertura das propostas feita em 10 de abril. Esta foi a primeira grande ação do governo do Distrito Federal para o setor em mais de 35 anos. [32]

O novo plano de transportes dividiu o DF em 5 grandes bacias, com cada uma sendo atendida por uma empresa licitada.[33] A aprovação das empresas e o início do funcionamento do Novo Sistema de Transporte Coletivo foi marcado para o início do segundo semestre de 2013. [34]

No fim de julho de 2013, a Cidade Estrutural foi a priemira contemplada com a nova frota mais morderna e equipada de ônibus. A cidade faz parte da área 5 que ficou sob o atendimento da empresa São José. No começo, 39 novos veículos comçaram a circular e 11 ficaram na reserva. [35]

Já em Julho mais 66 ônibus foram disponibilizados para a área 5, ligando as regiões de Ceilândia, Recanto das Emas, Riacho Fundo II, Taguatinga e Vicente Pires. Ao todo, mais 25 linhas foram cobertas pela nova frota. [36]

Ainda no mesmo mês, Itapoã e Paranoá receberam 30 novos veículos que circularão entre as duas cidades com destino ao centro de Brasília. Ao todo serão 503 viagens por dia. Os ônibus amarelos são da viação Pioneira, responsável pela Área 5, e possuem rampas e elevadores, que facilitarão o acesso a cadeirantes ou pessoas que tenham dificuldades de locomoção. [37]

Intervenção no Grupo Amaral

Em fevereiro de 2013, Agnelo Queiroz e o GDF assumiram o controle de todas a empresas do Grupo Amaral operantes no Distrito Federal.A ação foi inédita na capital. O objetivo foi manter o número mínimo de ônibus em circulação, além de melhorar a qualidade dos veículos. Com a obrigação de manter pelo menos 350 ônibus em operação, as permissionárias têm se valido de menos de 200, muitos em condições precárias. Com o descumprimento deste e de outros acordos fechados com o grupo, além da rotina de atrasos, superlotação e uso de veículos com idade avançada provocando desconforto, riscos e prejuízos diários, o GDF arquitetou a operação de intervenção encabeçada por Agnelo e seu vice, Tadeu Fillipeli.

Para atender a necessidades diárias e manter o sistema em operação, o GDF abriu uma linha de crédito para custear despesas emergenciais, com um limite de R$ 15 milhões.[38]

Acelera DF

Em 2013, o então governador lançou o programa Acelera DF, um pacote de obras e melhorias priorizando obras de infraestrutura como ciclovias, praças, creches e esgotamento sanitário, além de restauração de rodovias, coberturas de quadras poliesportivas e ampliação de penitenciárias. No total são 184 obras em todo o DF no valor de R$ 1,9 bilhão investidos. [39]

Estacionamento Subterrâneo

Com o grande volume de veículos circulando pelo centro de Brasília, a cidade passou a ter um déficit de mais de 7 mil vagas de estacionamento na Esplanada do Ministérios. A fim de solucionar o problema, Agnelo Queiroz apresentou o projeto de estacionamento subterrâneo no gramado da Esplanada. O complexo desenvolvido por meio de parceria público privada, terá quatro andares com mais de 9 mil vagas, área de alimentação e bancos.

A construção subterrânea se dá pelo fato da região central de Brasília, onde fica o prédio do Congresso, ser tombada como patrimônio histórico e cultural do País e, portanto, não pode ser modificada.[40]

Ação voltada para os Deficientes

As políticas públicas destinadas a ampliar o acesso à educação, a atenção à saúde, a inclusão social e à acessibilidade foram reforçadas pelo Governador Agnelo Queiroz com a adesão ao Plano Nacional dos Direitos da Pessoa com Deficiência Física. Lançado pela presidenta Dilma Rousseff em novembro de 2011, o Viver sem Limite é um conjunto de ações, coordenadas pela Secretaria de Direitos Humanos, em parceria com 15 ministérios e o Conselho Nacional dos Direitos da Pessoa com Deficiência. O orçamento do programa é R$ 7,6 bilhões de reais até 2014. [41]

Ampliação do atendimento nos postos de saúde

No fim de julho de 2013, dez centros de saúde do Distrito Federal deram início ao atendimento noturno, das 18h às 22h, de segunda a sexta-feira, para casos menos graves, como dor de cabeça, vômito, diarreia, dor abdominal, febre, dor nas costas e escoriações em decorrência de quedas.

O serviço passou a ser oferecido nos Centros de Saúde n°6 e 8 de Ceilândia, n°4 do Guará, n°1 da Candangolândia, n°2 de Santa Maria, n° 2 do Núcleo Bandeirante, n°3 do Riacho Fundo, n°3 de Sobradinho II, n°2 do Recanto das Emas e n° 16 do Varjão. [42]

Educação,esporte e cultura

Centro Educacional 1 do Cruzeiro

Segunda escola mais antiga de Brasília, o Centro Educacional 1 do Cruzeiro recebeu, na gestão de Agnelo, sua primeira reforma em mais de 50 anos de existência. O GDF destinou R$ 4,114 milhões para uma reforma geral das instalações da instituição, além da construção de laboratórios de informática, física e química e uma sala multimídia. Cerca de 700 alunos foram beneficiados e puderam voltar a estudar no colégio. [43]

Construção de 14 creches públicas

Em julho de 2013, o governador Agnelo Queiroz assinou o documento que permitiu o início das obras de 14 creches públicas em sete cidades do DF. As creches irão se chamar Centros de Educação da Primeira Infância (Cepi). O primeiro Cepi a ser entregue a população é o de Sobradinho II, em uma área de 1.118 m², com anfiteatro com arquibancada, pátio coberto, playground (parquinho), blocos pedagógicos divididos por idade (4 meses a 3 anos e 4 anos a 6 anos), espaço multiuso com sala de leitura e laboratório de informática. Ao todo serão 112 novas creches no DF. [44]

Bolsas de estudo na Argentina

No dia 2 de Agosto de 2013, em reunião em Buenos Aires, o governador Agnelo Queiroz assinou junto com ministro da Educação da Argentina, Alberto Sileonio, o protocolo de intensões que visa permitir a estudantes do DF viajar para o país vizinho com bolsas de estudo. Por ele, estudantes da rede pública ganharão bolsas de estudo no exterior para estudar temas ligados à inovação tecnológica e à ciência e aprofundar conhecimentos em línguas estrangeiras. [45]

Lei de Incentivo à cultura

Em 2013, o governador Agnelo sancionou a Lei de Incentivo à Cultura, que prevê abatimento de impostos às empresas que financiarem a realização de eventos artísticos no DF. De acordo com a lei, a empresa que investir em eventos culturais poderá ter descontos no Imposto sobre Circulação de Mercadorias e Serviços (ICMS) e Imposto sobre Serviços (ISS). Com isso, o GDF espera R$ 50 milhões extras para a cultura em Brasília. [46]

Lei de Incentivo ao Esporte

Em 2001, ainda como deputado, Agnelo Queiroz, em parceria com o senador Pedro Piva, criaram o Projeto de Lei que posteriormente foi sancionado como número 10.264, mas ficou conhecida pelo nomes dos criadores. A Lei destina ao Comitê Olímpico Brasileiro (COB) e ao Comitê Paraolímpico Brasileiro (CPB) 2% do prêmio das loterias federais do país. Desse montante, 85% são destinados ao COB e 15% ao CPB. Dos 85% que recebe, o COB deve aplicar 10% no esporte estudantil e 5% no esporte universitário. [47]

Em 2013, R$ 89 milhões em recursos da Lei Agnelo/Piva foram destinados a 29 Confederações Olímpicas Brasileiras. Os critérios utilizados para a definição dos valores foram a quantidade de medalhas olímpicas em disputa em cada modalidade e as perspectivas de resultados para os Jogos Olímpicos Rio 2016; a análise da gestão das entidades em 2012, o processo de classificação para os Jogos Olímpicos de Inverno Sochi 2014 e os resultados de cada Confederação neste ano em campeonatos mundiais e copas do mundo, além do número de atletas que estejam entre os top 10 do mundo e acordos de patrocínios. [48]

Momento Atual do Governador Agnelo

Apenas 9% consideram governo 'ótimo' ou 'bom'; GDF não quis comentar. Saúde e segurança são áreas com piores desempenhos, mostram dados.

Governador do DF, Agnelo Queiroz, anda de ônibus ao lado
do vice-governador, Tadeu Fillipeli, em imagem de arquivo
(Foto: TV Globo/Reprodução)

O governo de Agnelo Queiroz tem a segunda pior avaliação entre todas as unidades da federação, de acordo com levantamento do Ibope encomendado pela Confederação Nacional da Indústria (CNI) e divulgado nesta sexta-feira (13). O governo do petista é considerado "bom" ou "ótimo" por 9% da população, à frente apenas do governo do Rio Grande do Norte, que teve 7% de aprovação.

A pesquisa ouviu 504 eleitores do Distrito Federal com mais de 16 anos entre os dias 23 de novembro e 2 de dezembro. A margem de erro é de quatro pontos percentuais, para mais ou para menos.

De acordo com o levantamento, saúde e segurança pública são as áreas pior avaliadas pelos eleitores do DF. Para 71%, a saúde é a área do governo com o pior desempenho, seguida da segurança, com 57%. Os índices são os piores entre todos os estados, de acordo com a pesquisa.

Procurada pela reportagem a assessoria do governador disse, antes de desligar o telefone, que não havia visto o resultado da pesquisa e que não comentaria os dados.

Fraudes no Ministério do Esporte começaram na gestão de Agnelo Queiroz, atual governador de Brasília

Orlando Silva e Agnelo Queiroz

Não há novidades. A imprensa há tempos já vinha denunciando que as irregularidades no Ministério do Esporte vêm de longe, desde o primeiro governo Lula, na gestão de Agnelo Queiroz, que era do PCdoB e depois entrou no PT para disputar e vencer a eleição para governador do Distrito Federal.

As irregularidades foram investigadas pela Polícia Federal e o inquérito encaminhado à 12ª Vara da Justiça Federal em Brasília, com um volume e sete anexos, após a constatação da participação de Agnelo nas fraudes em programas do Ministério do Esporte quando ele era ministro, entre 2003 e 2006.

Agora surge a informação de que a 12ª Vara já encaminhou o inquérito ao Superior Tribunal de Justiça (STJ), para abertura de processo contra

Agnelo Queiroz   Evan do Carmo

o atual governador do DF. O inquérito chegou ao tribunal na terça-feira da semana passada e foi distribuído para o ministro Cesar Asfor Rocha, que será o relator.

O nome do governador apareceu em uma investigação iniciada no dia 9 de junho deste ano pela Polícia Federal para apurar fraudes no programa Segundo Tempo, do Ministério do Esporte. O programa, de atividades esportivas em áreas carentes, foi descoberto pela Operação Shaolin, da Polícia Civil do Distrito Federal.

Os envolvidos são suspeitos de praticarem os crimes de estelionato e falsificação de documentos, entre outros. Entre os alvos está o policial militar João Dias Ferreira, que ficou milionário como diretor de duas ONGs que assinaram convênios com o Ministério do Esporte. Como se sabe, o policial acusa o atual ministro do Esporte, Orlando Silva, de receber verba desviada de convênios do ministério com ONGs. Silva é o sucessor de Agnelo.

O advogado de Agnelo Queiroz, Luis Carlos Alcoforado, disse que não poderia comentar o caso do inquérito no STJ. "Fico desconfortável de comentar um caso que está sob segredo de Justiça e que não nos foi franqueado o acesso em sua amplitude."

Anteriormente, a assessoria do governo do Distrito Federal havia declarado que "o governador Agnelo Queiroz deixou o Ministério do Esporte há seis anos e não há qualquer ato na sua gestão à frente do ministério que tenha sido desaprovado pelos órgãos competentes". Quanta desfaçatez.

Revista diz que família de Agnelo Queiroz enriqueceu de forma ilícita

Reportagem da Revista "Isto é" aponta que a família do governador do Distrito Federal, Agnelo Queiroz, obteve enriquecimento ilícito nos últimos três anos. De acordo com a publicação, a Polícia Federal e do Ministério Público do DF investigam o patrimônio da família.

A revista afirma que os sinais de enriquecimento teriam surgido no início de 2008, quando Agnelo Queiroz era diretor da Anvisa, e vão até setembro deste ano. o governador negou todas as denúncias e afirmou que elas são feitas por um grupo ligado ao "crime organizado".

"Passou dos limites o que o crime organizado no Distrito Federal está fazendo. São ataques bárbaros à minha pessoa, agora à minha família. Só faltam me abater fisicamente. Vou processar o meio de comunicação que se presta a uma patifaria dessas. Vou tomar todas as medidas legais", disse o governador.

Os agentes querem saber se há um suposto esquema de desvio de dinheiro público, pois os negócios abertos teriam valores que não seriam justificáveis com a renda da família. Eles possuem locadoras de veículos e franquias de empresas.

Agnelo Queiroz

Evan do Carmo

Governador do DF diz que foi alvo de mafiosos que não tiveram espaço em seu governo

ENFRENTAMENTO

Horas antes de conceder a seguinte entrevista à ISTOÉ, o governador do Distrito Federal, Agnelo Queiroz, havia desembarcado de um voo procedente dos Estados Unidos. Apesar de estar saindo de um momento conturbado, em que viveu sob artilharia pesada da oposição, o governador era o retrato de um político animado.

Na sexta-feira 15, ele assinou um tratado tornando Brasília a primeira cidade da América do Sul oficialmente "irmã" de Washington. Com isso, assegura Agnelo, serão realizados intercâmbios entre técnicos de várias áreas das duas capitais, bem como haverá a promoção de inúmeras missões empresarias. Ainda na semana passada, Agnelo manteve diversas reuniões com bancos e investidores internacionais.

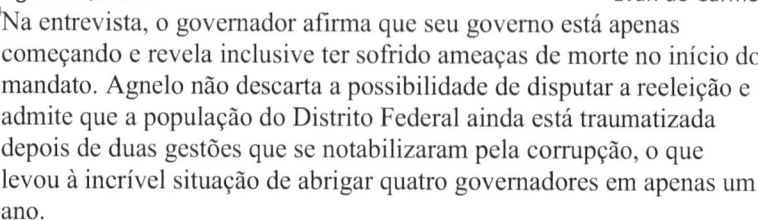

Agnelo Queiroz   Evan do Carmo

Na entrevista, o governador afirma que seu governo está apenas começando e revela inclusive ter sofrido ameaças de morte no início do mandato. Agnelo não descarta a possibilidade de disputar a reeleição e admite que a população do Distrito Federal ainda está traumatizada depois de duas gestões que se notabilizaram pela corrupção, o que levou à incrível situação de abrigar quatro governadores em apenas um ano.

O governador define como maior virtude de seu mandato o "combate incansável aos feudos que se encastelavam no governo" e, quando colocado diante das acusações que lhe são feitas pelo Tribunal de Contas, se diz alvo de brigas políticas. Agnelo, no entanto, prefere não olhar para o retrovisor e vislumbra no horizonte a inauguração do novo Estádio Nacional, "o mais sustentável do País", segundo ele, que terá energia solar e reaproveitamento de água.

Revista diz que família de Agnelo é suspeita de enriquecimento ilícito

Governador do DF nega acusações e diz que vai processar revista.

'Isto É' afirma que evolução patrimonial é investigada pela PF e pelo MP.

Reportagem da revista "Isto É" deste fim de semana aponta enriquecimento ilícito da família do governador do Distrito Federal, Agnelo Queiroz, nos últimos três anos. Conforme a revista, o patrimônio da família é alvo de investigações da Polícia Federal e do Ministério Público do DF, que apuram um suposto esquema de desvio de dinheiro público.

De acordo com a reportagem, levantamento preliminar da PF indica que familiares do governador não têm fontes de renda para justificar os negócios abertos, como locadoras de veículos e franquias de empresas, desde 2008. Os sinais de enriquecimento surgem, afirma a "Isto é", no início de 2008, quando Agnelo Queiroz era diretor da Anvisa, e vão até setembro deste ano.

Na saída da solenidade de abertura da Conferência Distrital das Cidades Extraordinárias, neste sábado (10), o governador negou todas as denúncias e afirmou que elas são feitas por um grupo ligado ao "crime organizado".

"Passou dos limites o que o crime organizado no Distrito Federal está fazendo. São ataques bárbaros à minha pessoa, agora à minha família. Só faltam me abater fisicamente. Vou processar o meio de comunicação que se presta a uma patifaria dessas, inclusive seu escriba. Vou tomar todas as medidas legais", disse o governador.

Agnelo Queiroz   Evan do Carmo

As investigações sobre a evolução patrimonial da família de Agnelo fazem parte do inquérito que apura a participação do governador em suposto esquema de desvio de verba no Ministério do Esporte, pasta comandada por Agnelo entre 2003 e 2006. Os supostos desvios no Esporte, que levaram à queda do ministro Orlando Silva - que foi secretário-executivo na gestão de Agnelo -, foram denunciados pelo policial militar João Dias, que tinha ONGs com contratos com o ministério. Na semana passada, Dias foi preso no Palácio do Buriti, sede do governo do DF, após agredir servidores e deixar uma sacola de dinheiro no gabinete do secretário de governo de Agnelo. João Dias dias disse tinha recebido o dinheiro um dia antes para deixar de denunciar integrantes do governo, mas o secretário negou.

Negócios

De acordo com a reportagem, os irmãos do governador compraram bens de valores incompatíveis com a renda que têm. O patrimônio dos envolvidos na denúncia chegaria a R$ 10 milhões.

Irmão do governador, o ex-vigilante Ailton Carvalho de Queiroz teria investido R$ 200 mil em uma locadora de veículos. A empresa, de acordo com a reportagem, é administrada pelo filho dele, que teria uma renda de R$ 1,1 mil, valor presumido pelo Serasa, mas tem em seu nome quatro veículos de luxo.

A revista "Isto É" indica ainda que, em 2010, Ailton e uma das irmãs de Agnelo Queiroz, Anailde Queiroz investiram R$ 800 mil na compra da franquia de uma torteria num shopping no centro de Brasília. Anailde também seria a proprietária de um restaurante no mesmo shopping - um investimento que, nos cálculos da revista, pode chegar a R$ 1 milhão.

Segundo a reportagem, Anaílde Queiroz, que de acordo com o Serasa, tem renda de R$ 1,7 mil, também teria comprado uma fazenda em Água Fria de Goiás. O valor do negócio foi de R$ 800 mil.

Em nota, a assessoria do governo classificou como "a mais
irresponsável e repugnante" tentativa de atacar a imagem de Agnelo
Queiros, pois "desrespeita seus familiares e, principalmente sua mãe,
com mentiras grosseiras e sem relação com a realidade". A assessoria
disse ainda, na nota, que a revista e o repórter serão processados.

Veja a íntegra da nota da assessoria do GDF:

"Em relação à reportagem"A próspera família de Agnelo", publicada na
edição 2196 da revista Istoé:

De todas as tentativas criminosas de atacar a imagem do governador
Agnelo Queiroz, esta é a mais irresponsável e repugnante, ao
desrespeitar seus familiares, e principalmente sua mãe, com mentiras
grosseiras e sem relação com a realidade.

A reportagem sonega informações esclarecedoras, descumprindo o
dever jornalístico, ao construir um texto mal intencionado e mentiroso,
que está a serviço de um consórcio criminoso. Usa falsos fundamentos
que escandalizam pela falta de ética jornalística.

A matéria traz valores irreais de renda e patrimônio. O governador
Agnelo Queiroz repudia a invasão à vida de seus familiares como
forma de ataque político, em ação sem escrúpulos.

A revista e o repórter serão processados.

matéria está a serviço da velha conspiração contra a renovação dos
costumes políticos no DF. Mais uma tentativa de forjar uma denúncia
que vai ser

Agnelo Queiroz é nomeado para diretoria da Anvisa

O médico Agnelo Queiroz é o novo diretor da Anvisa. A nomeação foi publicada no Diário Oficial desta quinta-feira (25). Agnelo tem 30 dias para tomar posse no cargo.

A indicação de Agnelo foi aprovada pelo Senado no último dia 19 de setembro, com 20 votos favoráveis e um contra. Ele irá preencher a ultima das cinco vagas da diretoria colegiada da Agência.

Formado pela Universidade Federal da Bahia, Agnelo Queiroz é pós-graduado em políticas públicas pela Universidade Federal do Rio de Janeiro. É médico concursado pela Fundação Hospitalar do Governo do Distrito Federal. Foi deputado federal e ministro do Esporte entre 2003 e 2006.

Brasília, 25 de outubro de 2007

Anvisa beneficiou empresa na gestão Agnelo, diz auditoria

Apuração interna aberta após reportagens do 'Estado' indica que houve favorecimento ao grupo que controla Hipolabor

Suspeito de fazer pagamentos ao governador do Distrito Federal, Agnelo Queiroz (PT), o laboratório Hipolabor e empresas de seu grupo foram favorecidos em procedimentos da Agência Nacional de Vigilância Sanitária (Anvisa) na gestão do petista. Auditoria do órgão, aberta após reportagens do Estado, mostra que a farmacêutica obteve licenças irregulares, escapou de multas e deixou de sofrer ações para retirar do mercado medicamentos que ofereciam risco à saúde.

Sediado em Minas, o grupo do Hipolabor, que controla também o laboratório Sanval e a distribuidora Rhamis, é investigado por sonegação, lavagem de dinheiro, formação de cartel e falsificação de remédios. Apreendida durante a Operação Panaceia, desencadeada em 2011 pela Polícia Civil, Ministério Público e Receita Estadual, uma agenda da diretoria da empresa registra supostos repasses ao petista em 2010, ano em que deixou o cargo para concorrer ao Palácio do Buriti. Na Anvisa, Agnelo concedeu diversas autorizações ao grupo.

A auditoria especial foi iniciada em março. O objetivo foi apurar a regularidade dos procedimentos realizados a partir de pedidos do grupo que tramitaram de outubro de 2007 a abril de 2010 na Gerência Geral de Inspeção e Monitoramento da Qualidade, Controle e Fiscalização de Insumos, Medicamentos e Produtos. Nesse período, Agnelo foi diretor da agência e esse setor estava subordinado a ele.

Contradição. Obtido pelo Estado por meio da Lei de Acesso à Informação, o relatório da auditoria mostra que, contrariando regras da própria Anvisa, a gerência liberou certificados de boas práticas de fabricação (CBPFs) sem os pareceres técnicos exigidos. Em um dos casos, o Sanval não teve o pedido de concessão da licença indeferido, embora reprovado em inspeção sanitária. O CBPF é necessário para

Agnelo Queiroz   Evan do Carmo

registro e venda de medicamentos. Também é exigido em licitações e assinatura de contratos para a venda de produtos ao poder público.

Pedidos apresentados pela Rhamis foram autorizados irregularmente pela Anvisa, em períodos nos quais ela não tinha permissão para funcionar. A auditoria constatou que a agência não informou ao MP e órgãos de investigação sobre supostos crimes praticados pelo grupo. Um dos casos seria a comercialização, sem registro, do medicamento Cardioron, sob suspeita de causar a morte de paciente.

Autuações cabíveis deixaram de ser aplicadas e ações necessárias para retirar produtos de circulação não foram adiante. O relatório registra que a Anvisa não impôs o recolhimento de remédio ao Sanval, autuado por terceirizar a produção irregularmente, embora tenha aferido "risco gravíssimo ao fato".

Apesar dos apontamentos, a auditoria não investigou eventuais responsáveis pelas irregularidades nem propôs, na maioria dos casos, apurações dessa natureza.

O porta-voz do Governo do DF, Ugo Braga, disse que a auditoria não apontou irregularidades nos processos, mas problemas estruturais nos sistemas de inspeção. Segundo ele, não há casos em que Agnelo assina certificados em desacordo com pareceres técnicos das vigilâncias estaduais e dos técnicos da agência. "É impossível corromper os processos."

O Hipolabor alegou que não houve irregularidades nos processos. "A empresa nunca foi favorecida, por quem quer que seja, na Anvisa."

Agnelo Queiroz   Evan do Carmo

Propina e Corrupção na ANVISA?

Um comprovante mostra que, no dia 25 de janeiro de 2008, foram depositados na conta de Agnelo Queiroz R$ 5 mil por Daniel Almeida Tavares. Na época, Daniel era funcionário do laboratório União Química, e Agnelo, diretor da Anvisa, a Agência Nacional de Vigilância Sanitária.

Três dias depois do depósito, foi publicada no Diário Oficial uma resolução, assinada por Agnelo, concedendo à União Química um certificado que permite a participação em licitações do governo.

Fonte: Jornal Nacional.Edição do dia 08/11/2011.

Gravações envolvem braço direito de Agnelo a suposto lobby na Anvisa

Grampos autorizados pela Justiça mostram que laboratório acusado de sonegação e formação de cartel recorria a ex-diretor adjunto do petista na agência; procuradoria pediu acesso a material para possível inclusão em inquérito contra governador

● Anvisa
Deflagrada em 2011, a Operação Panaceia apreendeu agenda com registros de contabilidade do laboratório Hipolabor que apontam supostos pagamentos a Agnelo Queiroz, em 2010, ano em que deixou a Agência Nacional de Vigilância Sanitária (Anvisa) para concorrer ao Palácio do Buriti.

● Caso Cachoeira
Grampos telefônicos da Operação Monte Carlo, em 2010, flagraram o então chefe de gabinete de Agnelo, Claudio Monteiro, em conversas com emissores de Carlinhos Cachoeira. A Delta, empresa envolvida no esquema de Cachoeira, fazia coleta de lixo na capital federal.

Proximidade. Eleito governador, Agnelo nomeou ex-diretor adjunto da Anvisa Rafael Barbosa como secretário de Saúde do DF

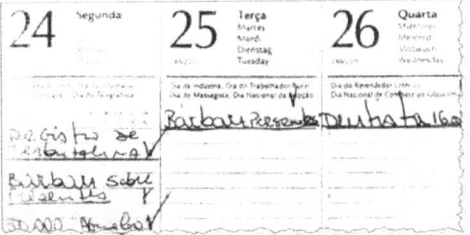

A dois dias de depor na CPI do Cachoeira, o governador do Distrito Federal, Agnelo Queiroz (PT), está na mira da Procuradoria-Geral da República, que analisa novas provas do envolvimento dele e de assessores com grupo farmacêutico acusado de irregularidade. A denúncia é da época em que o petista estava na Anvisa. Por meio da assessoria, Agnelo nega ligação com o caso.

Com depoimento à CPI do Cachoeira marcado para quarta-feira, o governador do Distrito Federal, Agnelo Queiroz (PT), está novamente na mira da Procuradoria-Geral da República, que analisa novas provas do envolvimento do petista e de seus assessores com um grupo farmacêutico acusado de sonegação fiscal, lavagem de dinheiro, formação de cartel e falsificação de medicamentos.

Escutas telefônicas em poder do órgão indicam que o laboratório Hipolabor, com sede em Minas, recorria ao atual secretário de Saúde do Distrito Federal e ex-diretor adjunto de Agnelo na Agência Nacional de Vigilância Sanitária (Anvisa), Rafael de Aguiar Barbosa, para acelerar demandas no órgão. Barbosa era braço direito do petista, que dirigiu a agência entre 2007 e 2010, quando deixou o cargo para concorrer ao Palácio do Buriti. ...

Os grampos foram feitos com autorização judicial na Operação Panaceia, desencadeada em Minas por uma força-tarefa integrada por Ministério Público, Polícia Civil e Receita Estadual, com apoio da Anvisa e do Ministério da Justiça. A procuradoria pediu o compartilhamento das provas e abrirá procedimento administrativo para analisá-las, disse o procurador-geral da República, Roberto Gurgel.

Como o Estado revelou em 14 de março, uma agenda apreendida durante as operação, com anotações da contabilidade da diretoria do grupo farmacêutico, registra supostos pagamentos ao petista em 2010, ano eleitoral.

Nos grampos feitos naquele ano, um dos diretores do Hipolabor, Renato Alves da Silva - preso em abril de 2011 na operação -, conversa com um representante da empresa na Anvisa, Francisco Borges Filho, ex-chefe de gabinete de Agnelo quando deputado federal, e pede a ele que Barbosa interfira num departamento da agência em favor da empresa.

De acordo com os áudios, a cúpula do laboratório estava entusiasmada com a possibilidade de Agnelo se eleger em 2010 e, assim, emplacar aliados na Anvisa. A intenção, segundo os diálogos, era que o próprio Barbosa chefiasse a agência, o que poderia facilitar demandas do grupo.

Agnelo é chamado de "Magrelo", variação do apelido usado pelo grupo do contraventor Carlos Augusto Ramos, o Carlinhos Cachoeira, nas interceptações da Operação Monte Carlo, da Polícia Federal. Nelas, o governador figura como "Magrão".

Agenda. Documentos apreendidos na Panaceia indicam ainda que o deputado Fábio Ramalho (PV-MG) servia de intermediário do laboratório na Anvisa. E-mails mostram que ele próprio marcava reuniões de interesse da empresa na agência.

A agenda com anotações contábeis registra supostos repasses a Ramalho, alguns de R$ 30 mil. Os valores vêm ao lado da anotação "Fabinho", apelido do parlamentar. O nome e o sobrenome do deputado aparecem em documento que relaciona supostos pagamentos de viagens.

A procuradoria já recebeu as provas. Se concluir que há indícios de crime, Gurgel disse que pedirá ao Superior Tribunal de Justiça a abertura de novo inquérito contra Agnelo ou a anexação à investigação já em curso, que apura supostas irregularidades cometidas quando o petista dirigia a Anvisa. "Se as condutas são inter-relacionadas, seria no mesmo inquérito. Se são fatos diversos, seria num outro inquérito."

Pedido. Ex-assessor de Agnelo, Borges atua em Brasília como representante de 20 laboratórios, nas suas palavras. Ouvido pelo Estado, ele confirmou ter pedido a Rafael Barbosa, de quem se diz amigo pessoal, que acelerasse a publicação de certificado de boas práticas na Anvisa. O documento é exigido para o registro de medicamentos e comercialização. Sem ele, não é possível participar de licitações públicas.

"Por que que eu pedi para o Rafael? Trabalhei com o Agnelo na Câmara, fui chefe de gabinete dele. Quando ele (Rafael) foi para lá, fui pedir um favor. Fui pedir um favor para ele agilizar, publicar a certificação do laboratório", afirma, acrescentando que o pleito não foi atendido e que não vê irregularidade na situação. "Sou teu amigo, tu é diretor de um órgão. Eu chego lá e digo: "Verifica a situação de empresa tal, qual é a possibilidade que tem de tu me ajudar. Se tu me disser onde é que está errado isso aí...". Tá errado?"

Em seu mandato na Anvisa, Agnelo assinou ao menos oito resoluções que beneficiaram o Hipolabor e outras duas empresas do grupo: Sanval e Rhamis. Barbosa trabalhou como adjunto do petista de 7 de maio de 2008 a 29 de dezembro de 2010, deixando o cargo para assumir a Secretaria de Saúde. As reuniões de diretores da agência com representantes de laboratórios são, por regra, realizadas na presença de

Agnelo Queiroz

Evan do Carmo

técnicos, com registro em ata. Mas Borges diz que o pedido foi informal. "Nunca pedi nenhuma agulha pro Agnelo e tudo o que eu pedi para o Rafael foi dentro da lei."

Borges diz que o deputado Fábio Ramalho encaminhava demandas para o laboratório na Anvisa e era "quem mais marcava audiências para o Hipolabor", entre elas encontros com o diretor-presidente, Dirceu Brás Aparecido Barbano, e seu antecessor, Dirceu Raposo de Melo. "O Fábio é amigo carne e unha com o dr. Renato Alves da Silva. Ele fez 150 pedidos de audiência para o dr. Dirceu Raposo para resolver um monte de coisas lá para ele."

Segundo Borges, seu trabalho na Anvisa consiste em encaminhar processos, mediante procuração dos laboratórios. "Pode ser classificado como ajuda. Não pode ser tráfico de influência. A burocracia que está matando o sistema".

Ex-assessor diz que empresa prometeu doação

Ex-chefe de gabinete do governador do Distrito Federal, Agnelo Queiroz (PT), Francisco Borges Filho diz que o pagamento registrado em agenda do laboratório Hipolabor referia-se a uma doação de campanha ao petista. Segundo ele, Renato Alves Silva, diretor da empresa, lhe contou ter feito o registro visando a contribuir com R$ 50 mil na campanha de 2010. Ele alega, contudo, que o repasse não chegou a ocorrer.

Na prestação de contas de Agnelo ao Tribunal Superior (TSE) não consta nenhum repasse do Hipolabor. "A anotação era do Renato. Foi na agenda do Renato, que era para conversar com o Ildeu (Oliveira Magalhães, dono do laboratório) sobre a possibilidade de se arranjar R$ 50 mil para ajudar na campanha", contou. "Eles prometeram, mas não deram. Não houve a doação."

Na página de 24 de maio de 2010, a agenda traz a anotação "Agnelo" ao lado de "50.000". No dia 30 há outro registro, aparentemente abreviado: "Agnelo: 50.". "Era (doação), ele prometeu. Isso aí é uma falha do sistema político. Enquanto não tiver financiamento público de campanha, o caixa 2 vai nadar de braçada", disse Borges, que diz não trabalhar mais para o Hipolabor.

Em março, o governador disse ao Estado não ter qualquer envolvimento com o grupo. Em nota, o Hipolabor negou ter feito pagamentos a qualquer pessoa de nome Agnelo, mas não explicou o que são as anotações.

Segundo Borges, outros laboratórios prometeram ajudar o petista, na época recém-desligado da Anvisa, na corrida ao Palácio do Buriti. "Não foi só o Hipolabor. E ele recebeu ajuda de outros laboratórios", disse.

Segundo o TSE, Agnelo recebeu doações de pelo menos quatro empresas do setor farmacêutico, entre elas o laboratório União Química (R$ 200 mil). Em vídeo, o lobista Daniel Almeida Tavares acusou o petista de receber propina, quando diretor da Anvisa, para liberar licenças para a empresa. Segundo o denunciante, o suborno de R$ 50 mil teria sido pago em 2008, dos quais R$ 5 mil teriam sido depositados na conta do governador. Agnelo confirma o depósito, mas alega que se trata da devolução de empréstimo feito a Tavares.

Petista nega favorecimento e insinua ação de tucanos

O Governo do Distrito Federal (GDF) insinuou que os dados da Operação Panaceia, conduzida por órgãos de investigação de Minas, integram uma trama de tucanos contra Agnelo Queiroz (PT). "A informação parte de uma operação policial realizada por governo comandado pelo PSDB, partido que trava guerra política contra o PT, do governador", afirma a nota do GDF.

O governo argumentou que Agnelo desconhece as conversas e que "não pode se pronunciar por supostos diálogos de terceiros". Além disso, sustentou que o governador não atendeu a pleito algum do Hipolabor na Agência Nacional de Vigilância Sanitária (Anvisa).

Questionado pelo Estado, o governo informou que Agnelo não recebeu doação de campanha do laboratório. "Todas as contribuições estão devidamente declaradas na prestação de contas aprovada pelo TRE (Tribunal Regional Eleitoral). O governador não tem relação com os dirigentes da empresa nem fez indicação alguma."

O Hipolabor assegurou não ter encaminhado pedidos ao ex-diretor adjunto de Agnelo na Anvisa, Rafael Barbosa, e que todas as solicitações seguiram trâmites normais. "Quando necessário, a empresa participa de reuniões com técnicos do órgão no parlatório. Todas essas reuniões são gravadas e ficam à disposição", afirmou, também em nota, acrescentando que quaisquer atos administrativos de seu interesse são fundamentados e precedidos de pareceres técnicos.

A empresa negou ter contribuído ou prometido doação de campanha a Agnelo. "Para nos posicionar sobre o que está escrito na agenda, precisamos ter acesso a ela. Há mais de um ano, vários itens foram apreendidos na empresa e estão à disposição da Justiça", justificou.

Questionado sobre supostos interesses intermediados pelo deputado

Fábio Ramalho (PV-MG), a empresa informou que o parlamentar tem relacionamento pessoal com dirigentes da empresa. "No entanto, a Hipolabor nunca pagou nada ao deputado."

O laboratório disse que a Panaceia ainda não chegou a conclusões. "A Hipolabor reitera a convicção de que quaisquer fatos relevantes devam ser apurados em processo devido, garantido o contraditório e amplitude de defesa, e lamenta os vazamentos ilegais", acrescentou.

A assessoria de Ramalho informou na sexta-feira que ele estava em missão oficial na China e só se pronunciaria no retorno ao Brasil, previsto para hoje. / F.F.

Por Fábio Fabrini

NOTA DE ESCLARECIMENTO

Em função de reportagem publicada pelo jornal O Estado de S.Paulo em sua edição de hoje, na qual meu nome é citado, esclareço que nunca autorizei ninguém a usar o meu nome em conversas de qualquer natureza. Respondo por tudo o que faço e por tudo o que falo. Mas não tenho controle nem responsabilidade pelo que terceiros falam ao telefone

Rafael Barbosa secretário da Saúde do Distrito Federal

Fonte: Jornal O Estado de São Paulo - 11/06/2012

Tucano levanta suspeitas sobre compra de casa por Agnelo Queiroz

Documentos apresentados nesta quarta-feira pelo deputado Fernando Francischini (PSDB-PR), delegado da Polícia Federal licenciado, levantam suspeitas sobre a compra de uma casa pelo governador do Distrito Federal, Agnelo Queiroz (PT).

Ex-diretor da Anvisa (Agência de Vigilância Sanitária), Agnelo autorizou o funcionamento de uma importadora de medicamentos de um empresário que era dono da casa comprada pelo petista um ano antes.

Polícia convence delator a não acusar Agnelo Queiroz

Segundo os documentos apresentados pelo deputado, a autorização aconteceu em abril de 2008. Na ocasião, o petista liberou o funcionamento da Saúde Import, do empresário Glauco Santos. Um ano antes, Glauco vendeu para Agnelo uma casa no Lago Sul, bairro nobre de Brasília, por R$ 400 mil.

O deputado levantou ainda declarações de dirigentes da Anvisa à época, que relataram que o tempo médio para a agência autorizar o funcionamento de empresas era de 8 a 12 meses.

Agnelo, como diretor da Anvisa, autorizou a Saúde Import em dois meses, segundo documento do Ministério da Saúde apresentado pelo deputado.

Francischini levantou suspeitas em relação à compra da casa de Agnelo Queiroz por R$ 400 mil, num dos bairros mais caros de Brasília.

Agnelo Queiroz   Evan do Carmo

"É um clássico caso de tráfico de influência, uma casa num setor de mansões em Brasília não vale isso. Vou pedir uma sindicância da Anvisa para averiguar se a Saúde Import tinha condições de receber essa autorização por parte de Agnelo em apenas dois meses", disse o deputado.

Procurada pela **Folha**, a Anvisa informou que já há uma sindicância no órgão para apurar irregularidades na gestão de Agnelo Queiroz, e que o caso seria encaminhado para a corregedoria. Disse ainda que, atualmente, a média para liberação do funcionamento é de 60 dias, mas não poderia informar como era em 2008.

A reportagem deixou recado no celular de Glauco Santos, que não retornou. O governador Agnelo Queiroz ainda não se pronunciou.

LOJAS

O deputado apresentou ainda o extrato societário de quatro lojas que seriam de parentes de Agnelo. Francischini disse que as casas foram compradas justamente do empresário Glauco Santos, da Saúde Import.

O deputado, contudo, afirmou que a Junta Comercial ainda não havia liberado a documentação com a transferência das lojas de Glauco para familiares de Agnelo.

"Esse caso se assemelha ao escândalo da Caixa de Pandora, que levou a prisão de um governador no ano passado. A diferença é que no primeiro o dinheiro foi filmado e nesse caso o dinheiro foi escancarado nas empresas", afirmou o deputado.

Segundo Francischini, faltam 40 assinaturas para completar o mínimo de 171 para criar uma CPI para investigar a gestão de Agnelo quando era ministro do Esporte.

PPS cobra da Anvisa explicações sobre denúncia envolvendo Agnelo Queiroz e máfia de laboratório

Roberto Freire Presidente do PPS

Fechando o cerco – O Partido Popular Socialista anunciou que cobrará oficialmente da Agência Nacional de Vigilância Sanitária (Anvisa) o detalhamento das providências tomadas pelo órgão até agora em relação à denúncia de que o ex-diretor do órgão e atual governador do Distrito Federal, **Agnelo Queiroz** (PT), beneficiou um grupo farmacêutico acusado de sonegação fiscal, lavagem de dinheiro, formação de cartel e falsificação de medicamentos. De acordo com reportagem do jornal "O Estado de S. Paulo", o petista e um de seus assessores, o atual secretário de saúde do DF Rafael Barbosa, teriam recebido dinheiro em troca da agilização de processos do Hipolabor na Anvisa.

"Mais uma vez o governador é citado em denúncias de corrupção envolvendo órgãos públicos e empresas privadas. E novamente é levantada a suspeita de que recebeu propina. Não deve ser a toa que multiplicou o patrimônio por 12 vezes, sendo que o maior salto se deu no período em que dirigia a Anvisa. O órgão tem obrigação de informar se investigou essa denúncia e que medidas tomou, até porque o caso já está na Procuradoria Geral da República", cobrou o líder do PPS, deputado federal Rubens Bueno, que vai encaminhar pedido de informações ao órgão.

Escutas telefônicas feitas pela Polícia Civil com autorização da Justiça apontam que o laboratório Hipolabor recorria ao então diretor adjunto de Agnelo, Rafael Barbosa, para acelerar demandas no órgão. Barbosa era braço direito do petista, que dirigiu a agência entre 2007 e 2010, quando deixou o cargo para concorrer ao Palácio do Buriti. Após eleito governador, Agnelo nomeou o assessor seu secretário de saúde.

No período em que atuou na Anvisa, o petista assinou ao menos oito resoluções que beneficiaram o Hipolabor e outras duas empresas do grupo: Sanval e Rhamis. Em uma agenda apreendida pela polícia com Renato Alves Silva, diretor da empresa, constam registros de repasses a Agnelo. Na página de 24 de maio de 2010, a agenda traz a anotação "Agnelo" ao lado de "50.000″. No dia 30 há outro registro, aparentemente abreviado: "Agnelo: 50″.

STF autoriza inquérito para apurar envolvimento de Agnelo em fraude

PGR suspeita de tráfico de influência quando governador dirigia Anvisa. Deputado Fábio Ramalho também será investigado; ambos negam crime.

O ministro do <u>Supremo Tribunal Federal</u> (STF) Luís Roberto Barroso autorizou abertura de inquérito para apurar se o governador do <u>Distrito Federal</u>, Agnelo Queiroz (<u>PT</u>), e o deputado federal Fábio Ramalho (<u>PV</u>-MG) praticaram crimes contra a administração pública. A decisão que determina a apuração é do começo de agosto e foi publicada nesta sexta-feira (30).

Segundo a Procuradoria Geral da República (PGR), há indícios de que o governador recebeu pagamentos para beneficiar uma indústria farmacêutica de <u>Minas Gerais</u> entre 2007 e 2010, quando era dirigente da Agência Nacional de Vigilância Sanitária (Anvisa), antes de ser eleito. Fábio Ramalho, de acordo com a PGR, teria atuado em favor da empresa na Anvisa.

O pedido de abertura de inquérito foi enviado ao Supremo pelo então procurador-geral da República, Roberto Gurgel, no fim de julho.

O caso era investigado em procedimento interno na PGR e só chegou ao Supremo em razão do foro privilegiado do parlamentar. Como governador, Agnelo tem foro no Superior Tribunal de Justiça (STJ).

Fui colocado na vala comum. Eu tenho nome limpo [...]. Não fiz nada fora da normalidade. Não cometi nenhum ilícito."

Deputado Fábio Ramalho (PV-MG)

Agnelo Queiroz   Evan do Carmo

A defesa do governador afirmou que trata-se de uma investigação preliminar e que Agnelo está "tranquilo" porque não cometeu irregularidades.

O deputado federal Fábio Ramalho (PV-MG) disse que tem o "nome limpo". "No fim do mandato, o PGR fez carnaval com todo mundo. Fui colocado na vala comum. Eu tenho nome limpo. Sempre trabalhei por Minas."

Ele afirma que ajudou empresas a conseguirem audiências, mas "nada fora da normalidade". "Não fiz nada fora da normalidade. Não cometi nenhum ilícito."

A suposta irregularidade foi descoberta pela Polícia Federal em razão de escutas telefônicas da Operação Panaceia, que investigou a venda ilegal de medicamentos pela internet.

"Presentes elementos indiciários mínimos da ocorrência do fato [...] por pessoa com foro por prerrogativa de função perante esta Corte, determino o prosseguimento do inquérito", disse o ministro Luís Roberto Barroso ao autorizar a apuração.

Sindicâncias apontam irregularidades na Anvisa, mas inocentam Agnelo

A investigação constatou concessão irregular de certificados para fabricar remédios, mas não responsabilizou o governador do DF. Com base nos mesmos casos, porém, procurador-geral da República, Roberto Gurgel, abriu investigação contra Agnelo no STJ

Sindicâncias da Agência Nacional de Vigilância Sanitária (Anvisa) enxergaram irregularidades em processos de autorização, assinados pelo hoje governador de Brasília, Agnelo Queiroz (PT), para quatro laboratórios farmacêuticos fabricarem remédios. Quando era diretor de Inspeções da agência, Agnelo assinou quatro resoluções hoje consideradas irregulares pela Corregedoria. No caso de três laboratórios, muitos documentos dos processos simplesmente desapareceram. Em outro caso, um dos funcionários da Anvisa revelou "pressão" de colegas para assinar uma autorização a um laboratório – que depois doaria R$ 200 mil à campanha de Agnelo nas últimas eleições – num processo em que, segundo a Corregedoria, houve autorização "indevida" e quatro servidores cometeram "infração administrativa".

Porém, as duas sindicâncias inocentaram Agnelo de participação nos quatro episódios, indiciando apenas servidores, considerando não haver provas da responsabilidade do hoje governador do DF nas irregularidades. Ocorreu que, com base em pelo menos parte dos mesmos documentos, o procurador-geral da República, Roberto Gurgel, abriu esta semana um inquérito no Superior Tribunal Justiça (STJ) para investigar o governador de Brasília em sua passagem pela Anvisa. Assim como o governador de Goiás, Marconi Perillo (PSDB), Agnelo também responde a inquérito por eventual envolvimento com a "organização criminosa" do bicheiro Carlos Augusto Ramos, o Carlinhos Cachoeira, alvo de uma CPI no Congresso.

Uma das empresas que recebeu autorização para fabricar remédios pertence ao ex-proprietário da casa de Agnelo no Laso Sul, área nobre de Brasília. A casa, porém, foi comprada antes de Agnelo se tornar diretor da Anvisa.

O porta-voz do Governo do Distrito Federal, Ugo Braga, destacou que a Anvisa "já declarou publicamente a correção de todos os atos de Agnelo Queiroz enquanto ocupou a diretoria de Inspeções".

União Química

As duas sindicâncias da Anvisa foram abertas em novembro 2011 e janeiro de 2012, respectivamente. Suas conclusões foram apresentadas à Controladoria-Geral da União (CGU) em janeiro e fevereiro deste ano. Ao menos uma delas, que apura a autorização para a União Química, chegou também às mãos de Gurgel. Na segunda-feira passada (11), ele assinou pedido ao STJ para investigar o governador por fatos relacionados à sua gestão na Anvisa. O documento foi protocolado na terça-feira (12), segundo a assessoria de Gurgel.

Na sexta-feira (15), o procurador-geral da República, que se recupera de um acidente doméstico, não foi localizado pela reportagem e por sua assessoria para esclarecer o teor de seu pedido. Porém, nas sindicâncias da Anvisa 25351.702225/2011-31 e 25351.012650/2012-79, obtidas pelo **Congresso em Foco**, o corregedor Ivon Nelson Carrito, mostra quais são as irregularidades na concessão de autorizações ao laboratório União Química.

Nas sindicâncias, o especialista em regulação da agência Domingos Sávio Silva prestou depoimento em que contou que, desde 2006, a União Química estava pendente de uma inspeção da Vigilância Sanitária de São Paulo, apesar dos apelos para que essa fiscalização fosse realizada. Mesmo assim, a Anvisa fez um memorando que resultou na autorização para que o laboratório produzisse remédios. A União Química foi doadora da campanha eleitoral de Agnelo em 2010.

Agnelo Queiroz 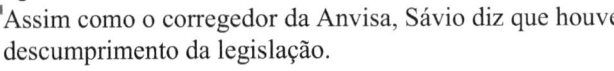 Evan do Carmo

Assim como o corregedor da Anvisa, Sávio diz que houve descumprimento da legislação.

Acompanham-nos na argumentação outros dois servidores. A especialista em regulação Lúcia Sciortino declarou à comissão de sindicância que "houve favorecimento à empresa União Química". Ela lembrou que outras empresas estavam na mesma situação, mas não tiveram o mesmo tratamento. Lúcia Sciortino disse que os outros laboratórios só conseguiram a autorização depois. O servidor Norberto Recch disse que a certificação do laboratório descumpriu "frontalmente" o prazo de 120 dias estabelecido em norma interna da Anvisa.

A União Química obteve o certificado em 25 de janeiro de 2008, quando Agnelo era diretor da agência. Em 30 de setembro de 2010, o laboratório de São Paulo doou R$ 200 mil à campanha do petista ao Palácio do Buriti.

Pressões

Domingos Sávio afirmou à comissão de sindicância que o gerente de Inspeção, Insumos e Medicamentos, Antônio Kakida, "o pressionou a incluir a certificação da empresa" União Química "no memorando". Disse ainda que a inclusão da empresa foi feita a pedido da gerente substituta Marília Coelho Cunha e do gerente Roberto Wagner Barbirato. Sávio relatou até desentendimentos dentro da Anvisa por causa disso. "Que outras solicitações desta natureza já foram feitas pela gerente geral (sra. Marília), mas que o depoente se recusou a atender, inclusive tendo ocorrido discussões ásperas com a sra. Marília por conta destas solicitações", afirmou Sávio. O especialista em regulação considerou que os pedidos "não eram morais". Kakida e Marília negaram à comissão as pressões denunciadas por Sávio. Barbirato disse que estava de férias quando foi concedida a autorização à União Química.

Em depoimento à sindicância, o governador Agnelo Queiroz também negou pressões e privilégios a quaisquer empresas durante sua gestão na Anvisa. Disse que a certificação da empresa aconteceu "de forma rotineira após avaliação da área técnica". Domingos Sávio produziu uma nota técnica sobre o tema. Agnelo disse que o documento não indicava nenhum problema com a concessão para a União Química. O governador e ex-diretor da Anvisa disse que não viu todos os documentos que fundamentavam o processo e aos quais foi apresentado.

"Basicamente para assinatura"

Agnelo ainda disse que "a documentação que recebida era basicamente para assinatura, já vistos e revistos os atos nas instâncias anteriores". O governador lembrou ser "preciso haver uma confiança institucional na cadeia hierárquica". Em nota ao **Congresso em Foco,** o porta-voz do governo do Distrito Federal, Ugo Braga, disse que "nunca aconteceu, desde a criação da Anvisa, de qualquer diretor, não apenas Agnelo Queiroz, assinar ou negar o certificado em sentido diferente do apontado pelo corpo técnico".

No depoimento, o ex-diretor disse que "deve ter" assinado a autorização para a União Química. Agnelo afirmou que "provavelmente" se reuniu com representantes da empresa, mas, que, se isso aconteceu, "certamente estaria acompanhado" de técnicos da agência e houve registro em ata desses eventuais encontros.

Na sindicância, o corregedor Ivon Nelson Carrico entendeu que as suspeitas contra Agnelo deveriam ser arquivadas. Ele lembra que o processo de certificação da União Química já tinha problemas desde antes da chegada de Agnelo à Anvisa, em outubro de 2007. No despacho 14/12, datado de 27 de janeiro de 2012 e que faz parte do processo de sindicância, Carrito afirma que Agnelo tinha "ascendência funcional tão somente" sobre dois setores administrativos e um chamado Núcleo de Inspeção da Gerência de Inspeção e Certificação (Gimep) da agência.

"O corregedor ainda escreve que, como o pedido da União ficou parado 49 dias no setor de protocolo, isso é prova suficiente para se demonstrar que Agnelo não atuou para apressar o andamento do processo.

Infração e publicação indevida

No despacho de Carrico, ele determina a abertura de processo administrativo disciplinar contra o servidor que denunciou pressões, Domingos Sávio, contra os supostos autores da pressão, Antônio Kakida e Marília Cunha, e contra a servidora Joana Darc Carballo. O objetivo é apurar "possível cometimento de infração administrativa quando da concessão do CBPF (...) à União Química".

Carrico disse ainda que houve "publicação indevida da autorização" da União Química. Em outro trecho das investigações, ele usa conclusões da comissão de sindicância para justificar o problema: houve "publicação indevida da certificação de BPF [boas práticas de fabricação] da empresa União Química (...), pelo não cumprimento do prazo de 120 dias de antecedência estipulado na RDC [resolução da agência] 66/07".

Dinheiro de lobista

Em janeiro de 2007, o lobista do laboratório União Química Daniel de Almeida Tavares depositou R$ 5 mil na conta corrente de Agnelo, ainda antes de o petista assumir a Anvisa. No ano passado, ele disse – e depois recuou – que o valor se referia a um pagamento de propina ao governador e que, ao todo, havia pago R$ 50 mil.

Em nota, o porta-voz do GDF disse que Agnelo "repudia veementemente" a relação entre o depósito de dinheiro em sua conta e a liberação da autorização à União Química em janeiro de 2008. Os auxiliares do governador reafirmam que o valor depositado se deve a um empréstimo feito a Tavares, militante do PCdoB, o ex-partido do governador.

A íntegra das notas do GDF e da Anvisa

Anvisa não presta esclarecimentos; porta-voz do GDF relembra que agência inocentou Agnelo Queiroz de culpa por irregularidades apontadas

A nota do porta-voz do Governo do Distrito Federal

1) Por que, durante sua gestão na Anvisa, tantas empresas obtiveram certificados de produção de medicamentos de forma ilegal, como atesta a Corregedoria?
resp – Não é o que diz a Corregedoria. Ela diz que os documentos sumiram do processo. Por isso, abriu procedimento sobre os técnicos responsáveis por manusear os documentos.

2) Por que o sr. disse à Comissão de Sindicância que os documentos que lhe chegavam às mãos eram "basicamente para assinatura"?
resp – Cabe antes de mais nada uma explicação sobre os procedimentos da Anvisa. Certificados de Boas Práticas de Fabricação são o resultado de um longo processo iniciado pelas vigilâncias sanitárias estaduais. Elas fazem a inspeção física sobre os laboratórios e enviam à Anvisa nacional o parecer sobre o enquadramento ou não às normas brasileiras. Técnicos da Diretoria de Inspeções revisam o parecer e conferem a documentação da empresa. Estando tudo em ordem, levam o processo ao diretor da área já com a indicação de concessão ou negativa do certificado. Nunca aconteceu desde a criação da Anvisa de qualquer diretor, não apenas Agnelo Queiroz, assinar ou negar o certificado em sentido diferente do apontado pelo corpo técnico.

3) O sr. assinava documentos sem ler? Por quê?
resp – Se você entendeu a questão anterior, esta pergunta fica prejudicada.

4) *O sr. acha que esses fatos mostram que sua gestão foi eficiente na Anvisa? Por quê?*
resp – Idem.

5) *O sr. pediu pressa na liberação do certificado da União Química, doadora de sua campanha eleitoral em 2010?*
resp – O processo, como bem disse, começa no âmbito da vigilância sanitária estadual. Passa pelo corpo técnico da agência nacional. Não há como "pedir pressa". Em bom português, obviamente que não.

6) *Há relação entre a liberação do certificado da União Química (jan.2008) e o depósito de R$ 5 mil, feito pelo lobista da União Química Daniel Tavares, em sua conta corrente (2007), embora o sr. só tenha se tornado diretor da Anvisa em outubro de 2007?*
resp – O governador repudia veementemente esta afirmação.

7) *O sr. Daniel Tavares chegou a dizer que os R$ 5 mil eram parte de um pagamento maior, de R$ 50 mil ao senhor. Isso procede? Por quê?*
resp – Não, não procede. O governador já informou que esses R$ 5 mil referem-se a um empréstimo feito a Daniel, um antigo militante do PCdoB. Daniel também já disse que a história dos R$ 50 mil foi uma mentira, encomendada por duas deputadas distritais da oposição.

8) *Como o sr. pagou sua residência no Setor de Mansões Dom Bosco?*
resp – Com as economias dele e da esposa, doutora Ilza Queiroz, em mais de 30 anos de trabalho.

9) *Qual o valor atual do imóvel?*
resp – O governador não sabe. Nunca o pôs a venda, nem pediu avaliação.

10) *Existe relação entre a compra do imóvel (feita em 2007, mas antes de o sr. assumir a Anvisa) e a liberação do certificado à União Química?*
resp – A informação está errada. A compra do imóvel é de novembro de 2006, quando o governador encerrava o mandato de deputado

federal. No mais, não há absolutamente nenhuma ligação entre a compra da casa e a União Química. Aliás, não há relação entre a compra da casa e a Anvisa, haja visto que em novembro de 2006 nem mesmo o presidente Luiz Inácio Lula da Silva sequer cogitava nomear Agnelo Queiroz diretor da Anvisa.

11) *O sr. disse ontem que comprou a casa de Glauco, dono da Saúde Import, que também teve a concessão de seu certificado questionada pela auditoria. Existe relação entre a compra do imóvel com essa liberação? Houve alguma facilidade para a empresa de Glauco?*
resp – É bom que se repita: a compra da casa é de novembro de 2006, quando não existia a possibilidade de Agnelo Queiroz ir para a Anvisa. Como então uma coisa poderia estar relacionada à outra? O governador também explicou ontem, durante seu depoimento à CPMI, que a autorização de funcionamento é um procedimento muito mais simples do que a certificação de boas práticas de fabricação. E que no caso da Saúde Import não houve facilidade alguma. No mais, todos esses casos foram investigados pela própria Anvisa. Que já declarou publicamente a correção de todos os atos de Agnelo Queiroz enquanto ocupou a diretoria de inspeções. As contas de Agnelo referentes a este período também já foram aprovadas pelo Tribunal de Contas da União.

Ugo Braga
Porta-Voz Governo do Distrito Federal

A nota da Anvisa

Prezado Eduardo Militão,

A Anvisa está respondendo a todos os questionamentos encaminhados pela CPMI diretamente ao presidente daquela comissão.

Gravações envolvem ex-diretor de Agnelo a suposto lobby na Anvisa

Segundo grampos da Operação Panaceia, obtidos com autorização judicial, laboratório acusado de falsificação recorria a Rafael de Aguiar Barbosa na agência

Escutas telefônicas em poder do órgão indicam que o laboratório Hipolabor, com sede em Minas, recorria ao atual secretário de Saúde do Distrito Federal e ex-diretor adjunto de Agnelo na Agência Nacional de Vigilância Sanitária (Anvisa), Rafael de Aguiar Barbosa, para acelerar demandas no órgão. Barbosa era braço direito do petista, que

Agnelo Queiroz   Evan do Carmo

dirigiu a agência entre 2007 e 2010, quando deixou o cargo para concorrer ao Palácio do Buriti.

Os grampos foram feitos com autorização judicial durante a Operação Panaceia, desencadeada em Minas por uma força-tarefa integrada por Ministério Público, Polícia Civil e Receita Estadual, com apoio da Anvisa e do Ministério da Justiça. A procuradoria pediu o compartilhamento das provas e abrirá procedimento administrativo para analisá-las, disse o procurador-geral da República, Roberto Gurgel.

Como o jornal *O Estado de S.Paulo* revelou em 14 de março, <u>uma agenda apreendida durante as operação, com anotações da contabilidade da diretoria do grupo farmacêutico, registra supostos pagamentos ao petista em 2010, ano eleitoral</u> .

Nos grampos feitos naquele ano, um dos diretores do Hipolabor, Renato Alves da Silva - preso em abril de 2011 na operação -, conversa com um representante da empresa na Anvisa, Francisco Borges Filho, ex-chefe de gabinete de Agnelo quando deputado federal, e pede a ele que Barbosa interfira num departamento da agência em favor da empresa.

De acordo com os áudios, a cúpula do laboratório estava entusiasmada com a possibilidade de Agnelo se eleger em 2010 e, assim, emplacar aliados na Anvisa. A intenção, segundo os diálogos, era que o próprio Barbosa chefiasse a agência, o que poderia facilitar demandas do grupo.

Agnelo é chamado de "Magrelo", variação do apelido usado pelo grupo do contraventor Carlos Augusto Ramos, o Carlinhos Cachoeira, nas interceptações da Operação Monte Carlo, da Polícia Federal. Nelas, o governador figura como "Magrão".

<u>Veja especial do iG sobre a CPI do Cachoeira</u>

Agenda

Documentos apreendidos na Panaceia indicam ainda que o deputado Fábio Ramalho (PV-MG) servia de intermediário do laboratório na Anvisa. E-mails mostram que ele próprio marcava reuniões de interesse da empresa na agência.

A agenda com anotações contábeis registra supostos repasses a Ramalho, alguns de R$ 30 mil. Os valores vêm ao lado da anotação "Fabinho", apelido do parlamentar. O nome e o sobrenome do deputado aparecem em documento que relaciona supostos pagamentos de viagens.

A procuradoria já recebeu as provas. Se concluir que há indícios de crime, Gurgel disse que pedirá ao Superior Tribunal de Justiça a abertura de novo inquérito contra Agnelo ou a anexação à investigação já em curso, que apura supostas irregularidades cometidas quando o petista dirigia a Anvisa. "Se as condutas são inter-relacionadas, seria no mesmo inquérito. Se são fatos diversos, seria num outro inquérito."

Pedido

Ex-assessor de Agnelo, Borges atua em Brasília como representante de 20 laboratórios, nas suas palavras. Ouvido pela reportagem, ele confirmou ter pedido a Rafael Barbosa, de quem se diz amigo pessoal, que acelerasse a publicação de certificado de boas práticas na Anvisa. O documento é exigido para o registro de medicamentos e comercialização. Sem ele, não é possível participar de licitações públicas.

"Por que que eu pedi para o Rafael? Trabalhei com o Agnelo na Câmara, fui chefe de gabinete dele. Quando ele (Rafael) foi para lá, fui pedir um favor. Fui pedir um favor para ele agilizar, publicar a certificação do laboratório", afirma, acrescentando que o pleito não foi atendido e que não vê irregularidade na situação. "Sou teu amigo, tu é diretor de um órgão. Eu chego lá e digo: 'Verifica a situação de empresa tal, qual é a possibilidade que tem de tu me ajudar. Se tu me disser onde é que está errado isso aí...'. Tá errado?"

Em seu mandato na Anvisa, Agnelo assinou ao menos oito resoluções que beneficiaram o Hipolabor e outras duas empresas do grupo: Sanval e Rhamis. Elas receberam certificados de boas práticas. Barbosa trabalhou como adjunto do petista de 7 de maio de 2008 a 29 de dezembro de 2010, deixando o cargo para assumir a Secretaria de Saúde.

As reuniões de diretores da agência com representantes de laboratórios são, por regra, realizadas na presença de técnicos, com registro em ata. Mas Borges diz que o pedido foi informal. "Nunca pedi nenhuma agulha pro Agnelo e tudo o que eu pedi para o Rafael foi dentro da lei. Nunca pedi um rolo pro Rafael."

Borges diz que o deputado Fábio Ramalho encaminhava demandas para o laboratório na Anvisa e era "quem mais marcava audiências para o Hipolabor", entre elas encontros com o diretor-presidente, Dirceu Brás Aparecido Barbano, e seu antecessor, Dirceu Raposo de Melo. "O Fábio é amigo carne e unha com o dr. Renato Alves da Silva. Ele fez 150 pedidos de audiência para o dr. Dirceu Raposo para resolver um monte de coisas lá para ele."

Segundo Borges, seu trabalho na Anvisa consiste em encaminhar processos, mediante procuração dos laboratórios. "Pode ser classificado como ajuda. Não pode ser tráfico de influência. A burocracia nossa que está matando o sistema".

O ex-chefe de gabinete falou à reportagem na quinta-feira, no condomínio em que mora em Brasília, após a reportagem se identificar e dizer que queria ouvi-lo sobre a Panaceia. Ele falou por mais de uma hora. Um dia depois, quando outros envolvidos no caso foram procurados, Borges ligou para a redação, na tentativa de impedir a publicação de suas declarações. "Deixa isso para lá. Me esquece que eu te esqueço. A gente senta e conversa e eu até te ajudo em outras

Agnelo Queiroz   Evan do Carmo

coisas", propôs. "Isso aí é matéria que mandaram passar por Aécio (senador Aécio Neves, do PSDB-MG) para tentar atingir Agnelo." As informações são do jornal *O Estado de S.Paulo* .

CPI do Cachoeira termina sem pedir indiciamentos

Luiz Pitiman

Oposição e parte da base aliada se unem para derrubar o relatório de Odair Cunha e aprovar texto de duas páginas do deputado Luiz Pitiman que não menciona nome dos investigados

Numa sessão marcada por troca de acusações e suspeita da formação de um grande acordo, a CPI do Cachoeira concluiu seus trabalhos sem pedir o indiciamento de nenhum dos investigados. A oposição se uniu a parlamentares da base aliada e derrubou, por 18 a 16, o relatório do deputado Odair Cunha (PT-MG), que recomendava o indiciamento de 29 pessoas e a responsabilização de outras 12 autoridades com foro privilegiado, como o governador de Goiás, Marconi Perillo (PSDB), o deputado Carlos Alberto Leréia (PSDB-GO) e o prefeito de Palmas, Raul Filho (PT). O ex-presidente

da Delta Construções Fernando Cavendish e o ex-senador Demóstenes Torres
(GO) também estavam na lista de Odair e foram beneficiados com a manobra
capitaneada por parlamentares do PSDB e do PMDB.

Em seguida, a comissão aprovou o primeiro dos cinco votos em
separado apresentados, o do deputado Luiz Pitiman (PMDB-DF). Sob
crítica de diversos parlamentares, o texto de Pitiman (leia a íntegra), de
apenas duas páginas, foi aprovado por 21 votos a sete.

O voto em separado do deputado do Distrito Federal não menciona um
nome sequer dos investigados e transfere toda a responsabilidade pelas
investigações ao Ministério Público e à Polícia Federal. O
peemedebista recomenda o compartilhamento de todo o material em
posse da CPI com os procuradores e os policiais federais. "Estamos
propondo que lá nas duas instituições, separadas do calor político, eles
possam ter todas as informações para que haja realmente a
continuidade das investigações. O que estou pedindo é que elas [as
investigações] não se encerrem hoje", disse Pitiman ao defender a
aprovação do seu relatório.

O deputado afirmou ainda que as invetigações da CPI precisam ser
checadas para que "não se condene inocentes e nem que culpados
sejam inocentados". "Com isso, senhor presidente e senhor relator,
terei a consciência tranquila que não absolvi culpados e, em condições
ainda piores, não condenei inocentes, pois os documentos aqui colhidos
e os indícios que apareceram têm muito ainda a serem checados e terão
desdobramentos, onde com isenção, poderão dar ao Brasil as respostas
que todos queremos", escreveu o deputado ao justificar sua posição.

Inicialmente, o texto do relatório aprovado previa a constituição de
uma comissão de três deputados e dois senadores para acompanhar o
andamento das investigações até 2014 e levar ao Congresso os
resultados. No entanto, parlamentares reclamaram do dispositivo por
considerarem que, devido ao curto prazo, não teriam como fazer as
indicações. A CPI tem prazo de vigência até 22 de dezembro.

O senador Pedro Taques (PDT-MT) informou que o relatório é que deveria apresentar as indicações já que nenhum outro parlamentar teria poder para fazer essas escolhas, nem mesmo o presidente da CPI, senador Vital do Rêgo (PMDB-PB). Pitiman aceitou então, retirar do seu relatório o parágrafo que versava sobre o assunto. Mesmo cabendo pedido de vista, devido à alteração do conteúdo do documento, a CPI prosseguiu com a votação do relatório.

O encaminhamento das informações ao Ministério Público já havia sido aprovado, por meio de um requerimento apresentado em forma de sugestão pelo deputado Onyx Lorenzoni (DEM-RS). A sugestão foi aprovada por unanimidade. Além dela, outras nove foram apresentadas, mas não foram acolhidas pelo relator. Com isso, o material bruto das investigações feitas pela CPI, como o acervo físico e eletrônico de documentos, os sigilos bancário, fiscal, telefônico e de dados, será enviado para o Ministério Público Federal em Goiás e a Procuradoria-Geral da República.

A aprovação do voto em separado foi duramente criticado por diversos parlamentares. Para o deputado Silvio Costa (PTB-PE), os quase oito meses de trabalho da comissão foram encerrados em "pizza". "Você produziu uma pizza, com 't' de trapalhada. Com todo o respeito à inteligência das pessoas [...] Não dá para transformar esta CPI numa papagaiada destas", disse. Na visão do senador Randolfe Rodrigues (Psol-AP), o resultado será comemorado pelos parlamentares que, segundo ele, defendem os interesses da empreiteira Delta, "com champanhe e guardanapos na cabeça".

Orlando Silva perdeu o cargo de ministro do Esporte, na semana passada, abalado por denúncias de desvio de dinheiro. Seu substituto, Aldo Rebelo, também do PCdoB, recebeu do Palácio do Planalto a missão de moralizar a pasta. Para a Justiça, no entanto, a questão é outra. Nos próximos dias, o Superior Tribunal de Justiça (STJ) receberá um processo com nove volumes e quatro apensos, que corre na 10ª Vara Federal, em Brasília. As informações, a que ÉPOCA teve acesso, mostram que o governador do Distrito Federal, Agnelo Queiroz (PT), antecessor de Silva, é suspeito de ter se beneficiado das fraudes.

O conjunto contém gravações, dados fiscais e bancários, perícias contábeis e relatórios de investigação. As peças da ação penal vistas por ÉPOCA incluem o relatório nº 45/2010, que contém os diálogos captados em interceptações telefônicas, com autorização judicial, feitas entre 25 de fevereiro e 11 de março do ano passado. As conversas mostram uma frenética movimentação de Agnelo Queiroz e do policial militar João Dias para se defender em um processo. Diretor de duas ONGs, Dias obteve R$ 2,9 milhões do programa Segundo Tempo para ministrar atividades esportivas a alunos de escolas públicas. Nas conversas, Dias quer ajuda para acobertar desvios de conduta e de dinheiro público. Ele busca documentos e notas fiscais para compor sua defesa em uma ação cível pública movida pelo Ministério Público Federal. O MPF cobra de Dias a devolução aos cofres públicos de R$ 3,2 milhões, em valores atualizados, desviados do Ministério do Esporte.

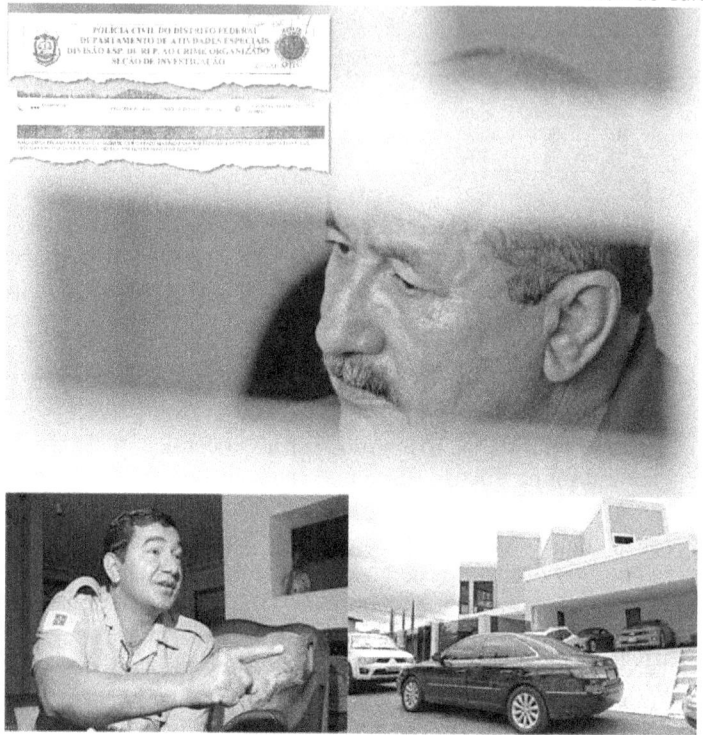

SOCORRO

Em outro diálogo *(no topo, à esq)*, João Dias deixa recado para Agnelo:
o prazo para arrumar documentos para sua defesa estava no final

COOPERAÇÃO

O professor Roldão de Lima *(foto maior)* é acusado de ter fornecido
documentos para a defesa de João Dias *(acima, à esq.)*. O encontro
entre eles foi filmado pela polícia. Acima, à direita, carros pertencentes

ao policial militar. Entre eles está um Camar
(Foto: Igo estrela/ÉPOCA e Dida Sampaio/AE (2))

Personagem da crônica política de Brasília, João Dias ajudou, com suas
declarações, a derrubar Orlando Silva na semana passada. Dias nem
precisou apresentar provas de que Silva teria recebido pacotes de
dinheiro na garagem do ministério. Suas acusações levaram à sexta
baixa no primeiro escalão da equipe da presidente Dilma Rousseff. O
pretexto para a demissão foi a abertura, na terça-feira, de inquérito no
Supremo Tribunal Federal (STF) para apurar a acusação de Dias e
denúncias de que o Ministério do Esporte se transformara num centro
de arrecadação de dinheiro para o PCdoB. Com a queda de Orlando
Silva, o foco se transfere para o governador Agnelo Queiroz, contra
quem existem suspeitas ainda mais consistentes.

Os principais interlocutores nas conversas gravadas pela polícia são
João Dias, Agnelo Queiroz, o advogado Michael de Farias (defensor do
policial) e o professor Roldão Sales de Lima, então diretor da regional
de ensino de Sobradinho – cidade-satélite de Brasília onde atuavam as
duas ONGs de João Dias. Era com Lima que Dias tratava do cadastro
das crianças carentes que deveriam ser beneficiadas pelo programa
Segundo Tempo. Na ação cível há um dado impressionante: as ONGs
de João Dias receberam recursos para fornecer lanches para 10 mil
crianças. Mas só atenderam, de forma precária, 160.

O inquérito foi uma tentativa de produzir um dossiê para inviabilizar a
minha candidatura "
Agnelo Queiroz, governador do DF

Pressionado pelo Ministério Público, Dias foi à luta para amealhar
elementos capazes de justificar tamanho disparate. Às 12h36 do dia 4
de março de 2010, ele telefonou para Agnelo Queiroz, então diretor da
Agência Nacional de Vigilância Sanitária (Anvisa). Dias pediu a
Agnelo para "dar um toque" em Lima e reforçar seu pedido de ajuda ao
professor. Dias queria que Lima fornecesse documentos para sua

defesa. Na gravação, ele avisa que vai marcar um encontro entre Agnelo e Lima, para que esse pedido seja feito pessoalmente. Menos de uma hora depois, Dias, que estava num restaurante com Lima, telefonou novamente a Agnelo. Entregou o celular para Lima falar com ele. De acordo com a transcrição dos diálogos, feita por peritos do Instituto de Criminalística do Distrito Federal, Agnelo diz a Lima que precisa de sua ajuda. Afirma que vai combinar com João Dias para os três conversarem, porque Roldão *(Lima)* "é peça-chave neste projeto".

Qual seria o projeto? Segundo a investigação da polícia, trata-se de apresentar uma defesa à Justiça Federal capaz de livrar Dias da cobrança milionária. Pouco antes das 13 horas do dia 9 de março, o advogado Michael de Farias disse a Dias para ficar tranquilo, que tudo estaria pronto para ser entregue à Justiça três dias depois. Só faltaria, disse Michael, "agilizar a questão do Roldão *(Lima)*". Na gravação, Michael afirma que eles "já vão confeccionar os documentos só para o Roldão assinar, já vai tudo pronto". Dias diz que dessa forma fica melhor e, em seguida, liga para Agnelo e marca um encontro para uma conversa rápida e urgente. Cerca de duas horas depois, Dias volta a telefonar a Agnelo e adia o encontro.

Agnelo Queiroz

Evan do Carmo

66

Dos cofres públicos para o bolso

De acordo com investigações,
ONGs de João Dias desviaram
o equivalente a R$ 2 milhões

MINISTÉRIO DO ESPORTE

ONGs

Federação
Brasiliense
de Kung Fu
FEBRAK
R$ 2.040.000

➕

Associação
João Dias
de Kung Fu
R$ 922.000

R$ 2.962.000*

➖

Desvio
R$ 2.000.000

Compra
de uma
casa por
R$ 850 mil

Compra
de duas
academias
de ginástica

Gastos na
campanha
eleitoral
de 2006

*Atualizados, os valores dos desvios
ultrapassam os R$ 3 milhões

Fontes: Polícia Civil do Distrito Federal,
Ministério Público Federal e Ministério do Esporte

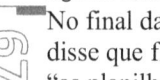

No final da tarde do dia 9, Dias falou com Lima. O professor Lima disse que ficou até de madrugada numa reunião em que foram fechadas "as planilhas, os projetos". De acordo com a polícia, Lima estava no escritório do advogado Michael. No dia seguinte à tarde, Michael disse a Dias que já havia "confeccionado a defesa e as cartas de Roldão *(Lima)*". Até aquele momento, Lima não assinara nada. À noite, Dias ligou para dois celulares de Agnelo e deixou o mesmo recado nas secretárias eletrônicas: "O prazo máximo para apresentar a defesa é sexta-feira, preciso muito de sua ajuda". Às 20h22, Dias finalmente consegue falar com Agnelo e avisa "que sexta-feira tem de apresentar o negócio lá".

A polícia descobriu, pelas conversas grampeadas, onde Lima se encontraria com Dias para entregar os documentos a ser incorporados a sua defesa. O encontro ocorreu no Eixo Rodoviário Norte, uma das principais avenidas de Brasília, no começo da tarde da sexta-feira 12 de março. Dias parou seu Ford Fusion e ligou o pisca-alerta. Em seguida, Lima parou seu Fiat Strada atrás e entrou no automóvel de Dias. Eles não sabiam, mas tudo era fotografado por agentes da Divisão de Combate ao Crime Organizado da Polícia Civil do Distrito Federal. As imagens mostram que Lima carregava uma pasta laranja ao entrar no carro de Dias. Saiu do veículo sem ela. Três horas depois, os advogados de Dias entregaram sua defesa na Justiça Federal.

De nada adiantou todo esse esforço. Um laudo da PF constatou que havia documentos "inidôneos" na papelada apresentada pela defesa de Dias. Três semanas depois, ele e outras quatro pessoas foram presas por causa de fraudes e desvio de dinheiro público no Ministério do Esporte. Mesmo com todas as evidências registradas nas gravações de suas conversas, Dias nega ter recorrido a Agnelo para ajudá-lo em sua defesa. O professor Lima afirma que, nas conversas por telefone e nos encontros com Dias, só falava de política. Mas admite que, "num dos encontros, João Dias me passou o telefone para conversar com Agnelo". Lima afirma não se lembrar da pasta laranja entregue no encontro.

Agnelo Queiroz   Evan do Carmo

As gravações telefônicas revelam também uma intimidade entre
Agnelo Queiroz e João Dias, que os dois hoje insistem em esconder. A
relação entre os dois envolveu a intensa participação do PM na
campanha de Agnelo para o governo do Distrito Federal no ano
passado. Eles afirmam que estiveram juntos apenas nas eleições de
2006, quando Agnelo concorreu ao Senado, e Dias a uma cadeira na
Câmara Legislativa – ambos pelo PCdoB. Os diálogos em poder da
Justiça mostram outra realidade. No dia 4 de março de 2010, Dias
perguntou a Agnelo como estavam os preparativos para o dia 21 de
março, data em que o PT de Brasília escolheria seu candidato ao
governo. Agnelo disse que estavam bem, seus adversários estavam
desesperados. Em resposta, Dias afirmou que ele e o major da PM
Cirlândio Martins dos Santos trabalhavam para sua candidatura nas
prévias do PT em várias cidades-satélite de Brasília. Na disputa,
Agnelo derrotou Geraldo Magela, hoje secretário de Habitação do
Distrito Federal.

Em um encontro filmado pela polícia, João Dias recebeu uma pasta do
professor Lima. Logo depois, entregou sua defesa

Em outra gravação, Dias informa Agnelo sobre o resultado de uma
pesquisa eleitoral em que ele ultrapassara o ex-governador Joaquim
Roriz. ÉPOCA ouviu de integrantes da campanha de Agnelo que,
mesmo depois de sua prisão, Dias teve papel importante nas eleições.
A campanha de Weslian Roriz – mulher de Roriz, que o substituiu na
disputa – mostrou na TV um dos delatores do envolvimento de Agnelo
nas fraudes no Ministério do Esporte. Isso teve impacto na campanha
do ex-ministro. Quem deu a solução foi Dias: com poder de persuasão,
ele convenceu uma tia da testemunha a desqualificar seu depoimento
na televisão. Mais tarde, a tia foi agraciada com um emprego no
governo. No novo governo, Dias foi beneficiado. Indicou seu melhor
amigo, Manoel Tavares, para a presidência da Corretora BRB, o banco
do governo do Distrito Federal.

O governador e ex-ministro Agnelo Queiroz respondeu por escrito a 13
perguntas feitas por ÉPOCA. Ele afirma que o inquérito da Polícia

Civil é montado. "O inquérito foi uma tentativa de produção de um dossiê para inviabilizar a *(minha)* candidatura", diz Agnelo. "A origem do inquérito infelizmente foi direcionada por uma parte da Polícia Civil, ainda contaminada pelas forças políticas do passado. Uma farsa." Agnelo diz que ele e João Dias eram "militantes da mesma agremiação partidária, ambiente em que surge o conhecimento" e que é "fantasiosa" a afirmação de que acolheu "indicação de João Dias para cargos no governo".

MAIS FAXINA

O ex-ministro do Esporte Orlando Silva (no alto), do PCdoB, no Palácio do Planalto, após sua demissão, na semana passada. Ele foi substituído pelo colega de partido Aldo Rebelo *(acima)*, que recebeu a missão de moralizar a pasta (Foto: Sérgio Lima/Folhapress e Lula Marques/Folhapress)

Apesar de continuar na Polícia Militar, Dias tornou-se um próspero empresário. Em outro relatório da polícia em poder da Justiça Federal, de número 022/2010, gravações telefônicas mostram que Dias é o verdadeiro dono de academias de ginástica registradas em nome de laranjas. "Tal fato é um forte indício de que João Dias está utilizando as academias para 'lavar' o dinheiro oriundo de supostos desvios de verbas públicas", diz o relatório policial. Dias tem quatro carros importados. O mais vistoso é um Camaro laranja, 2011, importado do Canadá em julho. Em entrevista a ÉPOCA, ele afirmou que adquiriu o Camaro numa transação comercial. O veículo está registrado em nome do motorista Célio Soares Pereira. Célio é o empregado de Dias que diz ter entregado dinheiro no carro do então ministro Orlando Silva na garagem do Ministério do Esporte.

Em depoimento à Polícia Federal, Dias mudou sua versão sobre a entrega de dinheiro a Silva. Ele disse que era "muito pouco provável que o ministro *(Orlando Silva)* não tivesse visto a entrega dos malotes *(de dinheiro)*". Diferentemente de Dias, Geraldo Nascimento de Andrade – principal testemunha de acusação contra Agnelo Queiroz sobre desvio de dinheiro do Ministério do Esporte – confirmou, em todos os depoimentos, ter pessoalmente entregado R$ 256 mil a Agnelo. Em um vídeo a que ÉPOCA teve acesso, Andrade descreve com detalhes como fez dois saques no Banco de Brasília, transportou e entregou o dinheiro ao atual governador.

Andrade sabe mais. Na gravação, ele liga as fraudes no Esporte ao Ministério do Trabalho. Andrade afirma que notas frias foram usadas para justificar despesas fictícias em convênios do programa Primeiro Emprego. O maior convênio apontado por Andrade, de R$ 8,2 milhões, foi firmado com a Fundação Oscar Rudge, do Rio de Janeiro. Andrade, que morava em Brasília, afirma ter ido ao Rio de Janeiro para sacar dinheiro da conta de um fornecedor da fundação, uma empresa chamada JG. Ele diz que passava os valores para representantes da entidade. A presidente da fundação, Clemilce Carvalho, diz que a JG foi contratada por pregão e prestou os serviços. Filiada ao PDT, mesmo partido do ministro do Trabalho, Carlos Lupi, ela foi candidata a

Agnelo Queiroz   Evan do Carmo

deputada federal em 2006. Lupi está ameaçado de perder o emprego na reforma ministerial, planejada para o início de 2012. Os ministérios do Esporte e do Trabalho têm, em comum, o fato de ser administrados há anos pelos mesmos partidos da base de apoio ao governo federal. O modelo dá sinais de que começa a ruir.

Ministro Agnelo Queiroz - A Educação Física Desenvolvendo o Indivíduo e a sua Saúde

O Ministro dos Esportes, Sr. Agnelo Queiroz, em entrevista à equipe da Revista E.F., faz considerações sobre a importância do Profissional de Educação Física no desenvolvimento do setor.

Pela primeira vez na história do Brasil, o Ministério do Esporte é uma pasta especifica, com foco único no desenvolvimento de uma política nacional de esporte e lazer. O Ministro do Esporte, Sr. Agnelo Queiroz, nesta entrevista à Revista E.F., avalia a importância desta situação e aponta o papel que o governo espera que a Educação Física desempenhe neste novo contexto. Em diversos trechos da entrevista, demonstra a preocupação com o esporte enquanto fator de desenvolvimento humano com ênfase na inclusão social e manifesta a importância do Profissional de Educação Física para que tais objetivos sejam alcançados.

Agradecemos ao Ministro e à Assessoria de Comunicação do Ministério do Esporte, que nos deram todas as condições de realizar este trabalho.

E.F. - A Educação Física é uma das bases essenciais para o desabrochar do interesse pela prática esportiva. Como o Ministério dos Esportes pretende atuar junto ao Ministério da Educação, no intuito de criar programas de valorização da disciplina e do Profissional de Educação Física?

Ministro Agnelo - Dando continuidade às diretrizes do governo do Presidente Luís Inácio Lula da Silva, pretendemos unir esforços para possibilitar uma atuação complementar entre Ministérios que atuem com assuntos afins. Toda a estrutura já está aí, o que precisamos é estimular e facilitar o acesso da comunidade à prática desportiva. É necessário observar o papel das escolas públicas, permitindo que elas atuem também nas ações da comunidade. Nesse contexto é importante valorizar o trabalho do Professor de Educação Física. Esta é fundamental para o desenvolvimento da saúde e do indivíduo. Garantindo a alimentação, cuidados de higiene, condições sanitárias e atividades físicas, monitoradas por profissionais da área, estaremos contribuindo para uma geração mais saudável. É essa a missão do esporte, e tenho certeza que a da educação também. Atingir uma maior parcela da população para melhorar a qualidade devida.

E.F. - A Educação Física Escolar, antes das escolinhas (pagas ou não) ou dos projetos comunitários, é o principal veículo para o desenvolvimento de habilidades motoras fundamentais para a preparação de futuros atletas. Economicamente, não seria mais viável melhorar a infra-estrutura dos estabelecimentos públicos existentes e motivar os Profissionais de Educação Física já contratados, em vez de investir em novos projetos?

Ministro Agnelo - É o que já vem sendo feito. Queremos otimizar o uso da estrutura já existente, e criar possibilidades para que outras sejam utilizadas, de forma que um maior número de pessoas pratique esportes. Se democratizarmos o acesso à prática desportiva e, por outro lado, dermos recursos e instrumentos para entidades treinarem os atletas de alto rendimento com certeza teremos excelentes índices de desempenho em todas as competições internacionais.

E.F. - A participação da Educação Física na grade curricular foi, durante muito tempo, menosprezada (ou até mesmo desprezada). O resgate da obrigatoriedade da disciplina foi uma conquista muito importante. Por que não ampliar os programas curriculares, mantendo as crianças e adolescentes no âmbito escolar e aproveitando material físico e humano já disponíveis?

Ministro Agnelo - Esse é um dos aspectos que já estamos trabalhando junto ao Ministério da Educação. Proporcionando mais atividades esportivas dentro das escolas, para crianças e adolescentes, estaremos abrindo espaço para os Professores de Educação Física. Além de promover a inclusão social, o que é fundamental para ajudar no combate á violência. E faremos tudo isso com o acompanhamento de professores, utilizando todo o material físico e humano disponíveis nesses estabelecimentos.

E.F. - Crianças e adolescentes, através da Educação Física Escolar, participam ativamente de programas de atividades físicas e desportivas. Não seria possível ampliar estes programas para a comunidade, trazendo-a para dentro da escola, a qual passaria a servir como um ponto de referência de lazer e bem-estar?

Ministro Agnelo - Esse é um dos nossos objetivos. Além de buscar novas fontes de financiamento para o esporte, temos que usar da racionalidade e otimizar o uso das instalações e equipamentos disponíveis. Os clubes sociais, as entidades de classe, as unidades militares dispõem de quadras, piscinas, ginásios e campos de futebol que devem ser utilizados na massificação da prática desportiva. Está na hora de abrir essas instituições para que crianças e adolescentes de comunidades carentes também tenham acesso ao lazer e ao esporte. Precisamos ocupar o tempo ocioso dos menores e darmos a eles um espaço onde possam praticar uma atividade saudável, com orientação, alimentação e convívio social. Só assim estaremos realmente investindo na redução da criminalidade. Estaremos formando uma nova geração de jovens.

E.F. - Este ano é considerado o da RESPONSABILIDADE ÉTICA pelo Conselho Federal de Educação Física. O resgate desta função histórica do Profissional de Educação Física está intimamente ligado à questão da ética e da qualidade. Como o Ministério pode colaborar com a conscientização da sociedade no sentido de valorizar a Educação Física?

Ministro Agnelo - Podemos participar de campanhas de esclarecimento ou de mobilização no sentido de estimular as práticas desportivas.

E.F. - A combinação de conquistas esportivas, de maior divulgação de eventos regionais, nacionais e internacionais são fundamentais para a motivação de indivíduos a praticarem alguma modalidade desportiva. Mas para a formação de atletas de alto nível é preciso um conjunto de medidas que fortaleçam aqueles que são capazes de desenvolver as valências físicas necessárias para cada esporte, ou seja, o Profissional de Educação Física. No entanto, várias propostas vêm sendo apresentadas no intuito de possibilitar o exercício profissional de ex-atletas sem nenhuma formação acadêmica no mercado formativo. Como o Ministério vê estas tentativas?

Ministro Agnelo - O esporte de rendimento depende cada vez mais da ciência e da tecnologia. Por isso o Ministério mantém o programa Centro de Excelência Esportiva do Ministério do Esporte (Cenesp), em parceria com várias universidades, que desenvolve pesquisas para aplicação tanto na área de rendimento como na medicina desportiva. São centros de excelência que buscam o aperfeiçoamento dos Profissionais da Educação Física.

I Conferência Nacional do Esporte - Documento Final

Apresentação :A sistematização final das teses e propostas aprovadas na 1ª Conferência Nacional do Esporte propõe, sobretudo, a continuidade da mobilização e do debate presentes nesse rico processo que vivenciamos. É um processo que se iniciou na própria decisão de realizar a Conferência e que segue em construção, levando-nos, sempre mais, à ação.

Este documento tem a finalidade de levar ao conhecimento de todos, comunidade esportiva e a sociedade em geral, o posicionamento e as deliberações que, a partir de agora, passam a orientar e subsidiar a Política Nacional do Esporte e do Lazer já implementada pelo governo do presidente Luiz Inácio Lula da Silva, através do Ministério do Esporte.

Nunca no Brasil se debateu com tamanha profundidade e abrangência a questão do esporte e do lazer. Esta é, hoje, uma questão de Estado em nosso país e por isso está na pauta de prioridades do Governo Federal, em primeiro lugar, e dos governos estaduais e municipais, que são em última instância o elo mais forte com a sociedade.

A Carta de Brasília e o conjunto deste Documento Final serão os balizadores de nossas ações daqui para frente, numa perspectiva de ampla participação da sociedade. Transformar o esporte e o lazer em atividades essenciais em nossas vidas, como se alimentar ou tomar banho, é uma tarefa de todos.

O desafio a nós imposto é o estabelecimento de uma agenda positiva de implantação, acompanhamento e avaliação destas ações. Deste modo, estaremos contribuindo para o desenvolvimento integral do cidadão brasileiro e consequente desenvolvimento da nação.

Brasília – junho/2004

AGNELO QUEIROZ

Ministro do Esporte

CARTA DE BRASÍLIA MOMENTO HISTÓRICO

Este 20 de junho de 2004 já é parte importante da história do esporte e lazer brasileiros. Nós, participantes da 1ª Conferência Nacional do Esporte, com muita alegria em nossos corações, vemos que nossos sonhos começam a virar realidade. Estamos criando as condições para fazer do esporte e do lazer atividades essenciais na vida de todos os brasileiros e brasileiras.

A própria realização da Conferência já é uma vitória. Jamais em nossa história tivemos, como temos agora, ampla participação da sociedade no processo de formulação das políticas públicas para o esporte e o lazer. É uma forte mobilização que se transforma num entendimento nacional pelo esporte e pelo lazer, num sentido amplo e democrático.

Foram quatro dias de debates, deflagrados pelo presidente Luiz Inácio Lula da Silva em ato no belo Teatro Nacional de Brasília. Vínhamos com o respaldo de 83 mil pessoas que se mobilizaram em 873 municípios, 26 estados e Distrito Federal. Não representamos apenas o chamado segmento de esporte e lazer, mas toda sociedade.

Aprovamos a política de esporte e lazer que vem sendo implantada, com foco na inclusão social. Estamos convictos de que é a política mais adequada para o nosso tempo.

O tema "Esporte, Lazer e Desenvolvimento Humano" propiciou um debate amplo sobre todos os aspectos do esporte e lazer. E ficou claro: esta luta não tem donos. É de todos os brasileiros e brasileiras em favor de uma sociedade melhor.

Desse intenso processo de debates, surgiu a vigorosa proposta de criarmos o Sistema Nacional do Esporte e Lazer, com eixos em políticas nacionais de gestão participativa e controle social, de recursos humanos e de financiamento. Será um sistema descentralizado e regionalizado.

No campo do financiamento, pelo momento em que vivemos, desde logo destacamos nosso apoio à criação de uma Lei de Incentivo ao Esporte e o nosso desejo de rápida aprovação, pelo Senado Federal, da lei que cria a Bolsa-Atleta.

Nos recursos humanos, sustentamos que todas as atividades esportivas e de lazer, quando orientadas, o sejam por trabalhadoras e trabalhadores qualificados. Isto, em caráter multiprofissional e multidisciplinar.

No controle social, é unânime a tese de que a democracia participativa é que deve reger as ações também neste campo da vida em nosso país.

As teses e propostas resultantes desta Conferência irão referenciar, a partir de agora, a Política Nacional de Esporte e Lazer.

Brasília, 20 de junho de 2004

POLÍTICA NACIONAL DO ESPORTE E DO LAZER

O Ministério do Esporte, criado pela Medida Provisória 103, de 1º de janeiro de 2003, tem como missão "formular e implementar políticas públicas inclusivas e de afirmação do esporte e do lazer como direitos sociais dos cidadãos, colaborando para o desenvolvimento nacional e humano".

Sua tarefa é assegurar e facilitar o acesso de todos a atividades esportivas e de lazer que, quando orientadas, sejam por trabalhadoras e trabalhadores qualificados, como parte do compromisso do governo de reverter o quadro de injustiças, exclusão e vulnerabilidade social que aflige a maioria da população brasileira. Leva em conta, para isso, que o esporte e o lazer são direitos sociais e, por isso, interessam à sociedade, devendo ser tratados como questões de Estado, ao qual cabe promover sua democratização, colaborando para a construção da cidadania.

Essa é uma tarefa de grandes dimensões, porque passa pelo reconhecimento do papel que a atividade esportiva e de lazer desempenha em nossas vidas. Trata-se de quebrar mitos e preconceitos e de assegurar maior transparência e participação popular no processo de gestão esportiva e de lazer.

Desenvolvimento humano -Quando falamos de esporte e de lazer, estamos nos referindo a fenômenos distintos, mas, de certa forma, confluentes. É no tempo e espaço de lazer que a manifestação cultural esportiva, despojada de sentido performático (da busca do rendimento), se apresenta como possibilidade de ser vivenciada por todos que o acessam.

O esporte e o lazer são fatores de desenvolvimento humano, porque contribuem na formação integral das pessoas e na melhoria da qualidade de vida do conjunto da sociedade e não devem ser vistos como um instrumento para solucionar ou desviar a atenção dos problemas sociais.

A prática do esporte e do lazer pode apresentar aspectos negativos e positivos, dos quais devemos ter ciência. Mas, como parceiros em enorme pacto pelo esporte, devemos buscar nele os benefícios que pode trazer para nós como indivíduos e como coletividade.

No campo do indivíduo e das comunidades, por exemplo, ele pode trazer solidariedade, autoestima, respeito ao próximo, facilidade na comunicação, tolerância, sentido do coletivo, cooperação, disciplina, capacidade de liderança, respeito a regras, noções de trabalho em equipe, vida saudável, etc. Também pode auxiliar no combate a doenças, evasão escolar, uso de drogas, criminalidade, e entre outras.

Emprego e renda - O esporte e o lazer podem ser um fator de desenvolvimento sociocultural e econômico, gerador de emprego e renda. Criam uma dinâmica econômica em cadeia, com efeitos na indústria que produz material esportivo, no comércio que o distribui, na realização de eventos, no turismo, na promoção comercial, nas empresas prestadoras de serviços, enfim, em todos os setores.

Também é um componente fundamental na afirmação da identidade nacional, fator de unidade em nossa diversidade cultural. Ou seja, o esporte e o lazer são partes indissociáveis do desenvolvimento nacional, uma riqueza que se soma aos nossos recursos naturais, aos valores culturais, à população brasileira.

Recentemente, a Organização das Nações Unidas (ONU) divulgou um documento intitulado Esporte para o Desenvolvimento e a Paz. É um relatório que faz uma análise da situação do esporte no mundo e propõe ações práticas para os governos. Nele, fica claro que, no mundo inteiro, há um movimento no sentido de valorizar mais e mais o esporte, para a melhoria da qualidade de vida no Planeta.

Em cada cidadã e cidadão, em cada nação, o esporte pode desempenhar esse importante papel. Internacionalmente, serve para aproximar povos diferentes, para difundir culturas, para promover a paz. Os eventos esportivos, como os Jogos Olímpicos e Paraolímpicos, tornam o país-sede conhecido mundialmente, em todos os ângulos, e ajudam até mesmo no intercâmbio comercial entre as nações.

Futebol - O futebol, como um entre tantos outros exemplos, sempre contribuiu para a difusão dos valores culturais brasileiros, para a ampliação das nossas relações econômicas e de fraternidade com outros povos. São, essas todas, características que denotam a complexidade do mundo do esporte, e que devem ser alvo de nossas preocupações.

Por inúmeros fatores, o Brasil tem condições de ser não simplesmente o país do futebol, mas, sim, o país de todos os esportes, num sentido amplo, que valorize políticas públicas de esporte e lazer por meio da qualificação e do acesso aos espaços públicos, garantindo programas sistemáticos.

É possível fazer com que todos possam praticar esporte nas escolas, nas ruas, nas praças, nas fábricas, no campo, em casa, em todos os lugares. Ganhar campeonatos e medalhas, não só no futebol, mas também nos demais esportes, poderá ser consequência disso, mas o objetivo central será formar cidadãos e cidadãs críticos e conscientes.

Para que ocorra essa valorização do esporte e do lazer é preciso que o Estado tenha clareza do seu papel, nas esferas federal, estadual e municipal. O mesmo deve ocorrer com a escola, a empresa, a entidade de classe, a ONG e, em especial, as entidades gestoras do esporte e lazer. De que servem e como atuam esses agentes deve ser uma preocupação de todos, para que o setor contribua cada vez mais para a sociedade.

Em todos os sentidos, é enorme a contribuição que a Conferência Nacional do Esporte poderá dar ao País. Sua finalidade central é democratizar a elaboração da Política Nacional de Esporte e Lazer e os Planos Nacionais subsequentes, envolvendo e valorizando a participação de todos os segmentos da sociedade brasileira, avançar na criação de mecanismos de controle e investimentos realmente eficazes e de uma política diferenciada para o desenvolvimento de regiões menos favorecidas.

Respeito à diversidade - Sendo realizada em três etapas (municipal, estadual e nacional), a 1ª Conferência foi um espaço legítimo de participação de todos os brasileiros e brasileiras. Foi marcado pela livre manifestação, o cotejo dos distintos interesses que permeiam a configuração do mundo esportivo, o respeito às diferenças e a busca da nossa integração social e cultural ampla, contemplando etnias, gêneros e pessoas com necessidades especiais e pessoas com deficiências. Seu objetivo foi produzir respostas à sociedade, por meio da proposição de políticas e projetos e a indicação de ações práticas.

"E além do rio andavam muitos deles, dançando e folgando, uns diante os outros, sem se tomarem pelas mãos". Esse é um dos trechos em que Pero Vaz de Caminha, em sua carta ao rei D. Manuel, relata o comportamento dos índios encontrados aqui pelos portugueses, em 1500. Ele fala de lutas, danças e brincadeiras dos primeiros habitantes do Brasil.

O Esporte no Brasil

O jogo de bola dos índios Parecis, a corrida de tora e outras manifestações culturais vinculadas a atividades físicas, em forma de danças, jogos e lutas, por certo antecederam ao descobrimento e ao processo de colonização do Brasil. Essas atividades, com seu significado próprio na cultura dos que as exercem milenarmente, passaram a conviver com outras práticas, introduzidas pelos europeus, e foram "ressignificadas" ou simplesmente destruídas.

Outras práticas da cultura corporal vieram com o povo africano, que, embora escravizado e subjugado culturalmente, resistiu de inúmeras formas. Outras tantas mais nasceram aqui, como fruto dessa mistura e da necessidade de convivência, resistência ou mera sobrevivência, a exemplo da capoeira, uma dança/luta que nasceu nas senzalas, sob a batida melódica do berimbau, hoje difundida mundo afora. Atualmente, essas práticas de resistência à cultura dominante sofrem inúmeras tentativas de redução a uma prática meramente esportiva, de forma a enfraquecer os elementos culturais que lhes dão significado e sustentação histórica. Fenômeno semelhante acontece nos movimentos comunitários, de ruas e guetos, que também trazem contribuições para a cultura corporal.

No mundo inteiro, a trajetória do esporte se confunde com a história das sociedades – e não seria diferente no Brasil, com maior ou menor interferência do sistema de poder vigente. Na Inglaterra, por exemplo, um tipo de jogo de bola que é tido como antecessor do futebol ficou proibido por quase 400 anos (de 1314 a 1681), mas nunca deixou de ser jogado. Aqui, em muitos momentos, jogos e lutas esportivas também foram proibidos, mas não deixaram de existir.

Presença do Estado - De todo modo, a história do esporte nos tempos modernos se confunde, em grande parte, com a presença do Estado brasileiro nessas questões. Pode ser constatada na própria evolução da organização social e política do País. Em especial, aquela construída já a partir da segunda década do século passado, quando o Brasil deixava o modelo agrário de então e se organizava no molde da industrialização capitalista.

Essa mudança foi a maior responsável pelo processo de urbanização vivido pela sociedade brasileira ao longo do Século XX. Se tínhamos, no início desse Século, 9,40% de nossa população vivendo em cidades, já em meados de 1940 éramos 31,24%, chegando a expressivos 81,23% na sua última década.

Desde meados do século XIX, porém, a elite brasileira tinha nas atividades esportivas e nos exercícios físicos, nos moldes europeus, um valioso instrumento para a execução do seu projeto de eugenização (aperfeiçoamento da raça humana) e higienização (melhoria das condições de higiene e saúde) da sociedade brasileira. Antes até, por influência dos Jesuítas, já haviam sido introduzidos alguns jogos de largo uso na Europa. Mas é do Século XIX um dos principais determinantes da relação paradigmática da Educação Física com a aptidão física, que continua até os dias de hoje.

Urbanização - As cidades, por sua vez, passaram a exigir dos governantes a construção de políticas públicas que respondessem aos enormes desafios dos cada vez maiores aglomerados urbanos. A recreação dos operários das fábricas e do restante da população incorporava essas práticas esportivas e corporais, inclusive como parte de uma estratégia para melhorar a produtividade.

Já na virada do Século XIX para o XX, com a abolição da escravatura e com a chegada do futebol ao Brasil (1894), os esportes já haviam fugido dos recintos fechados. O negro liberto, mas sem terras nem empregos, buscava trabalho e ocupação do tempo nas cidades. Teve contato com o futebol como serviçal nos clubes. Modalidade de poucas regras e barata de se praticar, o futebol caiu no gosto popular.

Habituado às danças, às lutas e longas andanças, o negro impôs seu gingado e criou uma nova forma de jogar o futebol. Ainda que meio às escondidas e sem participar de competições oficiais, nos primeiros anos, o negro difundiu amplamente o futebol entre nós. Mantinha-se, porém, a idéia do esporte como gerador de saúde, reconhecida quase que exclusivamente em sua dimensão biofisiológica.

Entretanto, foi só no período do Estado Novo (1937-1945) que o governo brasileiro passou a interferir mais diretamente no esporte. A Constituição de 1937 já definia a capacitação física dos trabalhadores como finalidade do esporte. Mas havia também o interesse político, de relacionar o esporte com o espírito cívico-patriótico, em especial no reforço à aliança capital-trabalho que norteava o governo do então presidente Getúlio Vargas.

E, em 1941, o Decreto-Lei nº 3.199 se propunha a disciplinar, na expressão usada, o esporte. Foi ali que nasceu o Conselho Nacional dos Desportos (CND), que era para ser regulador, mas que, na prática, acabou como gestor da atividade esportiva no Brasil. Essa intervenção governamental sobreviveu ao fim do Estado Novo e a outras mudanças políticas. Durou 34 anos.

Quando essa legislação foi alterada, pela Lei nÂ° 6.251 de 1975, durante o regime militar, foram mantidas basicamente as mesmas diretrizes e princípios orientadores do documento de 1941. Foi criada a Política Nacional de Educação Física e Esporte, mantendo a aptidão física como base conceitual para as políticas públicas desse setor.

Assim, a Educação Física e o esporte continuaram confundidos com educação do físico, educação do corpo, do seu rendimento físico-esportivo. Portanto, simulacros da ordem da produtividade, eficiência e eficácia inerente a determinado modelo de sociedade, no qual a brasileira encontrava identificação. Mais do que nunca, nesse período, o esporte passou a ser usado como instrumento de poder, de clientelismo, de benefício pessoal, características que ainda sobrevivem em grande escala.

O referencial histórico-social possibilitou a superação desse entendimento por um outro onde o preceito de saúde tem um significado mais amplo, de qualidade social de vida, do esporte como prática social e expressão da nossa cultura. Essa é uma visão secular, mas que ganhou força a partir de 1980, primeiro nos meios acadêmicos, depois entre gestores do esporte e do lazer e, hoje, pode-se dizer que é amplamente difundida no Brasil.

Novas leis - A legislação criada na década de 70, por sua vez, foi substituída por outra, com a promulgação da Constituição Brasileira de 5 de outubro de 1988, que recebeu o apelido de Constituição Cidadã. Com a nova Carta, o esporte passou a ser tratado como "direito de cada um" e deu-se autonomia às entidades e associações esportivas. Era o rompimento da tutela do Estado sobre o esporte brasileiro.

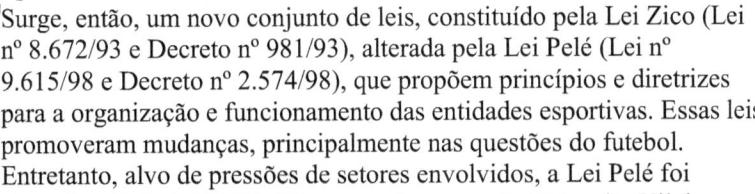

Surge, então, um novo conjunto de leis, constituído pela Lei Zico (Lei nº 8.672/93 e Decreto nº 981/93), alterada pela Lei Pelé (Lei nº 9.615/98 e Decreto nº 2.574/98), que propõem princípios e diretrizes para a organização e funcionamento das entidades esportivas. Essas leis promoveram mudanças, principalmente nas questões do futebol. Entretanto, alvo de pressões de setores envolvidos, a Lei Pelé foi alterada pela Lei nº 9.981/00, conhecida como Lei Maguito Vilela.

Em vários momentos, o Congresso Nacional colocou em pauta o debate sobre o esporte. Um deles foi ainda em 1983, quando a Comissão de Esporte e Turismo da Câmara dos Deputados realizou um ciclo de debates denominado Panorama do Esporte Brasileiro. Outro, nos anos de 2000, 2001 e 2002, por parte da Comissão de Educação, Cultura e Desporto. Raramente, porém, a sociedade foi convocada a debater.

Também nesse período, duas Comissões Parlamentares de Inquérito, uma no Senado (CPI do Futebol) e outra na Câmara (CPI CBF/Nike), deram trato a assuntos pertinentes ao esporte, em particular ao futebol. Trouxeram conclusões indicativas de graves problemas na estrutura esportiva nacional, encaminhando esses resultados ao Ministério Público e à Justiça.

Na esfera do Executivo, algumas iniciativas foram tomadas no sentido da formulação de propostas mais abrangentes para o esporte. A principal delas foi, sem dúvida, a criação da Câmara Setorial do Esporte que, em agosto de 2001, apresentou uma proposta de política nacional de esporte.

Ainda no âmbito Legislativo, leis importantes foram aprovadas, a saber: - Lei nº 10.264/01 (Lei Agnelo/Piva), que destina 2% das loterias federais aos comitês Olímpico e Paraolímpico; - Lei nº 10.671/03 (Estatuto do Torcedor), que dá ao torcedor a condição de consumidor e estabelece regras para o procedimento dos clubes, donos de estádios, dirigentes e dos próprios torcedores; - Lei nº 10.672/03

(Moralização dos Clubes), que fixa regras de transparência aos clubes e dirigentes.

Encontram-se, ainda, em tramitação no Congresso Nacional: - Projeto de Lei nº 3.826/00, que institui a Bolsa-Atleta[1] , uma ajuda financeira para que atletas carentes possam treinar; - Projeto de Lei 4.874/01 (Estatuto do Desporto) proposto no relatório final da CPI da CBF/Nike. Este tem por objetivo concentrar em um único diploma legal todo o ordenamento jurídico esportivo.

Os Desafios Atuais

Um diagnóstico (ou censo) do esporte brasileiro está sendo elaborado pelo Ministério do Esporte, em conjunto com o Instituto Brasileiro de Geografia e Estatística (IBGE) e com a participação do Instituto Nacional de Estudos e Pesquisas (INEP). É a primeira radiografia completa do esporte no Brasil desde 1971. Há 33 anos portanto. E certamente mostrará que o nosso setor esportivo e de lazer é de enorme diversidade, com disparidades regionais, gigante em números, mas ainda pequeno no que diz respeito a políticas públicas.

Encontra-se em fase de conclusão o Atlas do Esporte no Brasil, realizado por um consórcio de entidades da área esportiva, sob a coordenação do Conselho Federal de Educação Física. Embora não tenha a pretensão de ser um diagnóstico, o Atlas é um volumoso e consistente almanaque de informações sobre esporte, Educação Física e atividades físicas de saúde e lazer.

Em 2003, com a posse do Governo do presidente Lula, descortinam-se a possibilidade e a necessidade de se dar vazão a uma política esportiva e de lazer coerente com os princípios, diretrizes e objetivos e procedimentos consignados no seu programa. Ao Ministério do Esporte, criado como parte dessa política, cabe a responsabilidade e o desafio maior de articular as ações necessárias à execução da referida política, dando voz aos anseios da sociedade.

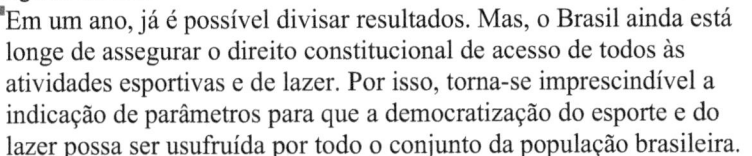

Em um ano, já é possível divisar resultados. Mas, o Brasil ainda está longe de assegurar o direito constitucional de acesso de todos às atividades esportivas e de lazer. Por isso, torna-se imprescindível a indicação de parâmetros para que a democratização do esporte e do lazer possa ser usufruída por todo o conjunto da população brasileira.

Classificação - Pela legislação vigente (Lei nº 9.615/98), o esporte pode ser reconhecido nas seguintes manifestações:

1. – Esporte educacional, praticado nos sistemas de ensino e em formas assistemáticas de educação, evitando-se a seletividade, a hipercompetitividade de seus praticantes, com a finalidade de alcançar o desenvolvimento integral do indivíduo e a sua formação para o exercício da cidadania e a prática do lazer;
2. – Esporte de participação (recreação e lazer), praticado de modo voluntário, compreendendo as modalidades desportivas praticadas com a finalidade de contribuir para a integração dos praticantes na plenitude da vida social, na promoção da saúde e educação e na preservação do meio ambiente;
3. – Esporte de rendimento, praticado segundo normas gerais da Lei nº 9.615, de 1998, e das regras de prática desportiva, nacionais e internacionais, com a finalidade de obter resultados e integrar pessoas e comunidades do País, e estas com as de outras nações. O desporto de rendimento pode ser organizado e praticado: a) de modo profissional e b) de modo não-profissional.

Entretanto, o Ministério do Esporte colocou em uso a expressão esporte social, nascida do processo de debates com a sociedade e que vem funcionando como uma categoria a mais. Esta classificação reflete a preocupação com a inclusão social. Por isso, é merecedora de políticas que, embora específicas, perpassam as outras três dimensões. A preocupação com o social deve estar, portanto, na escola, na recreação e mesmo no esporte de alto rendimento.

É dever do Estado assegurar o direito constitucional de acesso às atividades esportivas e de lazer a toda a população, independentemente da condição socioeconômica ou necessidade especial de qualquer natureza, e do estágio de ciclo de vida de seus distintos segmentos. Mas isso só se realiza de maneira plena em ambiente democrático, como este em que vivemos no Brasil, construído pela sociedade brasileira, e ao contrário de intervenções autoritárias, desconectadas dos anseios populares.

A Política Nacional de Esporte, hoje em implantação, foi objeto de debate na Conferência, levando em conta a especificidade de cada dimensão do esporte, procurando manter os canais de comunicação entre elas, de modo isonômico, sem hierarquia.

Pirâmide - Esse conceito convive com o da tradicional "pirâmide esportiva", que coloca em toda atividade do esporte o objetivo de ir peneirando, a partir da base, até chegar a uma elite de atletas. Em lugar de priorizar a seletividade, este sistema valoriza, por exemplo, o fato de que nem todo menino que joga bola quer ser um Pelé – ele tem o direito de querer apenas jogar bola. Disso vem a importância de se tratar o lazer no conjunto de uma política do esporte. O esporte na sua dimensão recreativa, dissociada da busca do rendimento, encontra no lazer a possibilidade concreta de expressão.

Isso pode ocorrer na sua prática (como protagonista), na fruição do espetáculo (como espectadora ou espectador) ou, ainda, no conhecimento de seu significado e de seu lugar em nossa cultura. É em sua dimensão recreativa, portanto, que o esporte explicita seu potencial sociabilizador e inclusivo, sua capacidade aglutinadora, oxigenando a vida das pessoas, no seu sentido lúdico, expressão de festa, de alegria e de inserção social.

É claro que o setor esportivo brasileiro tem muitos problemas e desafios a enfrentar. Mas tem, ao mesmo tempo, uma potencialidade inestimável. O Sistema Esportivo brasileiro poderá ser muito mais eficiente se definir melhor, por exemplo, os papéis da União, estados e municípios na gestão das políticas públicas para o setor, e se houver maior transparência e participação popular na gestão das entidades que cuidam do esporte em vários aspectos.

Ao longo deste texto, buscamos alinhavar os princípios, diretrizes e objetivos estruturantes da construção da ação política governamental na área do esporte e do lazer. **Princípio** entendido como origem de tudo, fonte primeira de uma ação; **diretriz** como um conjunto de instruções ou indicações para se levar a termo um plano, uma ação; e **objetivo** entendido como alvo que se pretende atingir, propósito de uma ação.

Sistema Nacional do Esporte e do Lazer

A 1ª Conferência Nacional do Esporte aponta para a construção do Sistema Nacional do Esporte e do Lazer, a partir de princípios, diretrizes e objetivos estruturantes que visam unificar a ação do conjunto dos atores compreendidos no segmento do esporte e do lazer em todo o território nacional.

São princípios do Sistema Nacional do Esporte e do Lazer:

1. O projeto histórico de sociedade comprometido com a reversão do quadro de injustiça, exclusão e vulnerabilidade social ao qual se submete grande parcela da nossa sociedade;
2.
   O reconhecimento do esporte e do lazer como direitos sociais;
3.
   A inclusão social compreendida como a garantia do acesso aos direitos sociais de esporte e lazer a todos os segmentos, sem nenhuma forma de discriminação, seja de classe, etnia, religião gênero, nível socioeconômico, faixa etária e condição de necessidade especial de qualquer espécie;
4. A gestão democrática e participativa, com ênfase na transparência no gerenciamento dos recursos.

São diretrizes:

1. Política esportiva e de lazer descentralizada;
2. Gestão participativa;
3. Acesso universal;
4. Controle social da gestão pública;
5. Desenvolvimento da nação;
6. Integração étnica, racial, socioeconômica, religiosa, de gênero e de pessoas com deficiência e com necessidade especial de qualquer natureza;
7. Desenvolvimento humano e promoção da inclusão social.

São objetivos:

1. Promover a cidadania esportiva e de lazer, na sua dimensão científica, política e tecnológica, com ênfase nas pesquisas referenciadas socialmente;
2. Garantir a democratização e a universalização do acesso ao esporte e ao lazer, na perspectiva da melhoria da qualidade de vida da população brasileira;
3. Implementar a descentralização da gestão das políticas públicas de esporte e lazer;
4. Detectar e desenvolver talentos esportivos em potencial e aprimorar o desempenho de atletas e para-atletas de rendimento;
5. Fomentar a prática do esporte educacional e de participação, para toda a população, e o fortalecimento da identidade cultural esportiva a partir de políticas e ações integradas com outros segmentos.

O Sistema Nacional do Esporte e do Lazer compreende as esferas de atuação pública e privada e considera a existência de uma ampla rede de gestores, entidades de representação do esporte, do lazer, prestadores, profissionais, atletas e a população atendida.

A construção do Sistema Nacional do Esporte e do Lazer deverá observar a indicação de competências das esferas nacional, estadual e municipal.

O Sistema Nacional do Esporte e do Lazer pressupõe um processo integrado que compreende um corpo unificado de políticas públicas da União, dos Estados e dos Municípios.

O conjunto das políticas nacionais e a legislação do segmento devem estar consolidados como partes constituintes do Sistema Nacional do Esporte e do Lazer.

Serão consideradas como EIXOS do Sistema Nacional do Esporte e do Lazer, a POLÃ• TICA NACIONAL DE RECURSOS HUMANOS, a POLÃ• TICA NACIONAL DE FINANCIAMENTO e o CONTROLE SOCIAL, que pressupõe a existência de mecanismos democráticos e participativos de gestão, como os conselhos do esporte e do lazer e as Conferências Nacionais, que assegurem a participação de todos os envolvidos.

A Política Nacional de Recursos Humanos deve indicar como se articulam e se constituem os recursos humanos necessários ao Sistema Nacional do Esporte e do Lazer.

Três aspectos devem ser considerados na elaboração da Política Nacional de Recursos Humanos:

1. O caráter multiprofissional (diversos profissionais) e multidisciplinar (diversas áreas do conhecimento) desses recursos humanos;

2. A necessidade de capacitação dos recursos humanos já inseridos no segmento;
3. A necessidade de formação de novos recursos humanos qualificados.

A Política Nacional de Financiamento deve indicar as fontes de recursos e as diretrizes de financiamento.

Serão consideradas como fontes de financiamento do Sistema Nacional do Esporte e do Lazer:

1. Recursos públicos diretos da União, dos Estados e dos Municípios;
2. Recursos públicos de órgãos e instituições da administração indireta nas três esferas: Municípios, Estados e União;
3. Recursos provenientes da vinculação de parte das receitas de impostos e taxas nas três esferas: Municípios, Estados e União;
4. Recursos provenientes de medidas de incentivo fiscal;
5. Recursos provenientes da vinculação de parte das receitas de concursos de prognósticos, loterias e outras modalidades de apostas;
6. Recursos provenientes de Fundos e outras medidas de fomento ao esporte e ao lazer;
7. Recursos provenientes de linhas de crédito e incentivos a toda a cadeia produtiva vinculada ao segmento.

As diretrizes de aplicação dos recursos destinados ao financiamento do Sistema Nacional do Esporte e do Lazer são:

1. Assegurar a permanência e continuidade do financiamento;
2. Atender às três esferas: Municípios, Estados e União a partir das competências de cada uma;

3. Atender ao conjunto das entidades do esporte nacionais, estaduais e municipais, os atletas e a população atendida no âmbito do Sistema Nacional do Esporte e do Lazer;
4. Assegurar a implementação das políticas que visem à inclusão social e ao atendimento das pessoas com deficiências e das pessoas com necessidades especiais; Atender à infra-estrutura e aos equipamentos necessários à implementação das políticas e programas;
5. Atender à capacitação dos recursos humanos já inseridos no segmento e à formação de novos recursos humanos qualificados;
6. Atender ao fomento e desenvolvimento científico e tecnológico;
7. Contemplar a multiplicidade de experiências e especificidades regionais de todo o território nacional e a equidade na aplicação dos recursos.

As demais políticas nacionais já existentes e/ou formuladas – esporte educacional e escolar, esporte e paraesporte de alto rendimento, esporte social e outras - visando ao atendimento aos princípios, diretrizes e objetivos já definidos, deverão estar referenciadas no Sistema Nacional do Esporte e do Lazer.

Propostas de Ação

Em complemento ao Sistema Nacional de Esporte e Lazer, a 1ª Conferência Nacional do Esporte, indicou as seguintes **Propostas de Ação**, de acordo com os eixos que compuseram o temário da Conferência:

Esporte e Alto Rendimento

- Definir e implementar uma Política Nacional de Esporte contemplando o desenvolvimento do esporte olímpico, paraolímpico e não-olímpico; estabelecer um sistema nacional de capacitação profissional para professoras e professores de Educação Física, técnicas e técnicos, preparadoras e preparadores físicos e dirigentes de esportes de base e alto rendimento, por intermédio de incentivos à pesquisa, intercâmbio e cursos.

- Aumentar, descentralizar e fiscalizar os recursos financeiros destinados ao esporte de alto rendimento em todas as suas vertentes – olímpico, paraolímpico e não-olímpico – por meio da criação de leis de incentivo fiscal; destinação de 3% dos recursos arrecadados das multas de trânsito, do fundo de defesa do consumidor e do DPVAT; participação na arrecadação de loterias, bingos e outros jogos legalizados ou a serem legalizados, como mecanismo de financiamento para a autonomia do esporte de alto rendimento, priorizando os investimentos em categorias de base.

- Garantir que os recursos da Lei Agnelo/Piva sejam destinados também às entidades estaduais e municipais de administração do esporte olímpico, paraolímpico e não-olímpico, bem como às entidades formadoras – clubes e associações – beneficiando também técnicas ou técnicos e atletas para que o Esporte de Base seja contemplado e priorizado.

- Implementar Centros de Formação, Treinamento, Pesquisa e Excelência esportiva por intermédio de parcerias com Universidades, Forças Armadas e entidades afins, com estrutura especializada para o desenvolvimento de atletas e paraatletas e programas anti-drogas, desde a base até o treinamento de alto rendimento. Estas estruturas devem ser dotadas de equipamentos, recursos humanos (médicos, fisioterapeutas e profissionais de Educação Física), recursos científicos e instalações apropriadas, de forma regionalizada e descentralizada em diversos municípios de todos os Estados brasileiros, priorizando a utilização e adequação de espaços ociosos já existentes em entidades esportivas, sem fins lucrativos ou econômicos, instalações militares, escolas etc.

- Garantir junto às agências de bacias hidrográficas a destinação de uma porcentagem mínima de 3% dos recursos oriundos da cobrança pelo uso da água potável, existentes nos rios e lagos brasileiros para subsidiar os esportes em geral.

Esporte Educacional

- Os investimentos federais, estaduais, distritais e municipais devem contemplar: a) aquisição de material esportivo, implementos paradesportivos e cadeiras de rodas paradesportivas; b) construção, restauração, manutenção, ampliação e conclusão de infra-estrutura necessária à educação física, ao esporte educacional e ao lazer, nas escolas e em espaços municipais urbanos e rurais com a consulta ao profissional de educação física; c) assegurar transporte para alunas e alunos de zonas rurais e periféricas; d) aproveitamento de espaços físicos já existentes nos municípios e estados, com parcerias públicas e privadas que promovam a ampliação da oferta da prática esportiva para alunas e alunos das escolas públicas e comunidade em geral no país com a consulta ao profissional de Educação Física; e) práticas didático-pedagógicas em educação física/esporte para desenvolver o conhecimento no âmbito do ensino, pesquisa e extensão, do esporte formal e não-formal; f) criação de fundos e incentivos fiscais orientados, principalmente àqueles que desenvolvem programas e projetos sociais e ações interdisciplinares, integradas com outros setores sociais, voltadas para o Esporte Educacional.

- Reformular e implementar política de eventos esportivos e científicos (jogos, seminários, conferências, etc), de acordo com a proposta do esporte educacional, organizada com a participação dos segmentos envolvidos, na forma de um Calendário Nacional que servirá de base para a organização nos níveis estadual e municipal, envolvendo as comunidades escolar e universitária e entidades estudantis. Implementar, desenvolver e apoiar campanhas de sensibilização e divulgação do esporte educacional nas comunidades, em articulação com outros ministérios e segmentos sociais. Estas campanhas devem ressaltar os benefícios e a importância da prática esportiva como direito social para elevação da qualidade de vida do homem.

- O Sistema Nacional de Esporte e Lazer contemplará a criação, legitimação e fortalecimento de espaços políticos da sociedade civil organizada, como fóruns populares e sociais, e a criação de conselhos, secretarias, autarquias e programas nacionais, estaduais e municipais, promovendo a articulação em consonância entre as Diretrizes do Esporte Educacional/Escolar. Potencialização do desenvolvimento do Esporte Educacional, principalmente no que se refere ao processo de controle público e social, no acompanhamento dos programas, promovendo aprofundamento da articulação com ações conjuntas entre o Ministério do Esporte, o Ministério da Educação, outros Ministérios afins e as secretarias estaduais e municipais, sendo necessário a garantia da Educação Física escolar em todos os níveis de ensino, conforme previsto pela LDB (Lei 9.394/96), assegurando o caput do artigo 26, que evidencia ser a Educação Física componente curricular da Base Nacional comum, mobilizando assim o Ministério do Esporte e o MEC no sentido de revogar a Lei 10.793/03, já que a mesma fere o caput citado acima. Possibilitar a ampliação da prática pedagógica no contra-turno escolar, orientada no esporte educacional escolar, enquanto atividade extracurricular, garantindo a obrigatoriedade da Educação Física no período noturno.

- A Política de Esporte e Lazer desenvolvida nos âmbitos Federal, Estadual e Municipal, deverá garantir a ampliação, desenvolvimento e aperfeiçoamento dos Programas já existentes no âmbito do Esporte e lazer, beneficiando o maior número de crianças, jovens, trabalhadoras e trabalhadores, idosas e idosos que estejam incluídos no ensino regular ou não, bem como as pessoas com necessidades especiais, garantindo a

organização de espaços, com acessibilidade universal, onde
estes possam ter participação, conduzidos por profissionais
qualificados. Implantar um programa nacional de bolsa atleta
para alunas e alunos carentes do ensino básico e universitário.
Garantir o repasse dos recursos destinados pela Lei 10.264/01
(Agnelo/Piva), referente ao financiamento do desporto escolar e
universitário diretamente para a CBDE e CBDU.

- Que os Ministérios da Educação, da Cultura e do Esporte
fomentem campanhas para que os cursos de Educação Física
revisem seus currículos atentando para a formação profissional
em Educação Física na perspectiva do Esporte Escolar,
enquanto cultura corporal. E ainda orientem diretrizes
considerando os aspectos pedagógicos e metodológicos do
esporte escolar como parte integrante do projeto pedagógico da
escola nos níveis fundamental, médio e superior, com carga
horária específica, considerando a manutenção das aulas de
educação física; e também estabelecer política nacional de
Esporte Educacional/Escolar, assegurando, por meio de
relações interinstitucionais, a formação e valorização do
profissional de Educação Física pelo poder público, nos
diferentes níveis de ensino, com o provimento de concursos
públicos, garantia de melhor remuneração e formação
continuada. A elevação da qualificação deverá acontecer com
ações integradas com as Instituições de Ensino Superior,
facilitando a participação dos profissionais em eventos desta
área, bem como, na descentralização da União para os estados e
municípios com o compromisso de priorizar a contratação de
recursos humanos com formação na área, contribuindo para o
processo de geração de emprego, elevando o número de escolas
e de alunas e alunos atendidos, usando como base e referência,
o texto final da Conferência.

Futebol

- Criação de um sistema nacional de financiamento do futebol
amador, por meio de um fundo nacional, estadual e municipal

que garanta o repasse de recursos às ligas e entidades esportivas sem fins lucrativos e que participam do processo de formação e prática do futebol e que estejam aptas com as suas obrigações estatutárias e de acordo com a legislação em vigor. Que nas construções e eventos que forem subsidiados por recursos públicos seja garantido percentual para o atendimento gratuito às comunidades e ligas de futebol amador.

• Implementar um plano de desenvolvimento do futebol feminino com especial atenção na formação de novas atletas por meio da ampliação da oferta de escolinhas de futebol feminino, aumentando o número de competições e inclusão dessa modalidade nos campeonatos, promovidos por confederações, federações e ligas. Formular uma política de investimento para integração entre escolas, clubes e entidades comunitárias na formação de atletas nas categorias de base nas esferas municipal, estadual e federal, convênios e parcerias com empresas. Estimular a criação de ligas de futebol feminino e departamento específico nas confederações e federações, bem como aperfeiçoar a legislação incluindo a modalidade futebol feminino nos jogos promovidos pelo Ministério do Esporte.

• Estimular a participação das entidades promotoras do futebol - federações e associações de cronistas do futebol - e das empresas que se beneficiam dele, em um esforço conjunto para racionalizar e otimizar as ações capazes de melhorar a situação desta modalidade no país, bem como formular uma política de investimento para integração entre escolas, clubes, ligas, federações e entidades de práticas comunitárias na formação de atletas - categorias de base e amadoras – nas esferas municipais, estaduais e federal.

• Aperfeiçoar a estrutura organizacional no futebol garantindo a gestão democrática e transparente nas suas entidades organizadoras, bem como a criação de um sistema único de esporte e lazer com dotação orçamentária da união, dos estados e dos municípios, com controle social, onde os poderes constitutivos possam fiscalizar as eleições e os repasse financeiros para as confederações, federações, ligas e entidades envolvidas nas ações do futebol. Fica determinado às Confederações, Federações, Clubes, Ligas, Conselhos, COB, e todas as entidades desportivas em geral que poderá haver apenas uma reeleição para cada eleição dos seus presidentes e respectivos membros.

- Regulamentar e fiscalizar as atividades dos empresários de atletas e garantir os direitos federativos aos atletas das escolinhas de esporte de várzea, dos clubes amadores e profissionais, e das ligas filiadas às federações de futebol, imputando o percentual de 100% da venda da atleta ou do atleta.

Esporte, Lazer e Qualidade de Vida

- Elaborar, propor e implementar ações de qualificação profissional, em nível de formação inicial, continuada e de capacitação para profissionais e gestores que atuam nos setores de esporte e lazer, articulados com instituições de ensino superior e outras entidades, devendo atender a atuações nos diferentes segmentos da população (crianças, jovens, adultos, idosas e idosos, pessoas com deficiências e pessoas com necessidades especiais) e de diferentes interesses e necessidades.

- Propor, formular, implantar, apoiar, executar e financiar ações intersetoriais, envolvendo os ministérios, secretarias estaduais e municipais do esporte, saúde, cultura, educação, meio ambiente, ciência, tecnologia e turismo. Ações estas de promoção do esporte e do lazer, articuladas pelo princípio da inclusão social, envolvendo governos estaduais e municipais e organizações da sociedade civil, direcionadas à população, especialmente aquelas em situação de vulnerabilidade ou de exclusão social. Estas ações portanto, devem valorizar as práticas do esporte e

101

do lazer, da educação ambiental, a promoção da saúde, a
educação para a formação cidadã e a qualidade de vida.

- Realizar diagnóstico da estrutura esportiva e de lazer e propor
ações articuladas entre os diversos níveis da administração
pública e ou em articulação com a iniciativa privada e
organizações da sociedade civil, para construção,
modernização, revitalização, preservação, otimização e
maximização de espaços e equipamentos para o esporte e lazer
com segurança e qualidade, visando o interesse e necessidades
da população, contemplando a acessibilidade de pessoas com
deficiência e pessoas com necessidades especiais, idosas e
idosos, flexibilidade de horários e utilização, descentralização e
desconcentração dos espaços e equipamentos públicos e
privados, tais como escolas, passeios, parques , ginásios,
entidades esportivas, sem fins lucrativos e/ou econômicos,
estádios, creches e universidades, instituições de longa
permanência, priorizando comunidades com populações em
situação de vulnerabilidade ou exclusão social. Estas ações
devem ser promovidas por profissionais, agentes sociais,
animadores culturais, voluntárias e voluntários da sociedade
capacitados e qualificados.

- Incentivar e apoiar a criação de órgãos públicos de
administração do esporte e do lazer, nos níveis municipal e
estadual, e órgão de controle social das políticas públicas de
esporte e de lazer, democráticos e com ampla participação de
setores organizados da sociedade que demandam por esse tipo
de política, através da criação de um sistema nacional de
esporte e lazer com dotação orçamentária da União, dos estados
federados e dos municípios, com controle social através de
conselhos populares.

- Definição de papéis e responsabilidades nas diferentes
instâncias, federal, estadual e municipal no sentido de garantir
aplicação equânime no mínimo de 1,5% do orçamento da União
e de cada estado e município, na elaboração, implantação,

manutenção, avaliação e controle das ações de esporte e de lazer.

Direito ao Esporte e ao Lazer

- Criar o fundo nacional com fontes de recursos públicos para o esporte em todas as suas manifestações, para o lazer e para as atividades esportivas de criação nacional e identidade cultural garantindo o acesso às pessoas com necessidades especiais e pessoas com deficiência, idosas e idosos. A responsabilidade pela fiscalização dos fundos ficará a cargo dos conselhos de esporte e lazer estaduais e municipais, buscando a desburocratização na liberação das verbas destinadas a esse fim.

- Criação do sistema nacional do esporte e lazer com dotação orçamentária da União, estados e municípios (de no mínimo 1%), garantindo o controle social e gestão pública consubstanciados nos princípios da participação popular e gestão democrática para manutenção e viabilização de políticas públicas de esporte e lazer com base no princípio do parágrafo 52 da tese guia da I° Conferencia Nacional do Esporte, fortalecendo e estimulando e parcerias com o terceiro setor entre vários entes públicos e setores privados.

- Criação, construção, revitalização, ampliação, reestruturação, reforma e manutenção de espaços para a prática do esporte e do lazer baseadas no Estatuto das Cidades que definiu o plano diretor do esporte e do lazer a todos os municípios independentemente do número de habitantes, respeitando as diferenças regionais. Garantir a utilização dos prédios de escolas e universidades públicas, levando se em conta a acessibilidade e adaptabilidade para as pessoas com deficiência e pessoas com necessidades especiais, pessoas idosas e mães, para quem a prática do esporte e do lazer demanda uma estrutura paralela de atendimento aos seus filhos e filhas, além da participação popular na discussão e formulação das ações a serem executadas na utilização desses espaços.

- Incentivar e fomentar a prática do esporte e do lazer na dimensão do esporte de criação nacional e de identidade cultural em todo território brasileiro e em todas as comunidades, privilegiando sobretudo, as de baixa renda e respeitando as peculiaridades regionais e as características nacionais.

- Elaborar, implantar, avaliar e financiar políticas de esporte e lazer sendo que 15% do valor total arrecadado pela nova loteria timemania seja destinado para investimento ao segmento do desporto de base das pessoas com deficiência e das pessoas comÂ necessidades especiais, sejam elas ONGÂ´S, escolas, entidades estudantis e outros segmentos que desempenhem projetos sociais com pessoas com deficiência e pessoas com necessidades especiais. Garantir a acessibilidade em espaços e equipamentos públicos e privados de esporte e lazer a partir de um diagnóstico em todo território brasileiro, considerando a norma 9050, nas escolas, clubes, praças, parques e outros e garantir a implantação, independentemente da fonte de financiamento, de políticas de esporte e lazer voltadas para as pessoas com deficiência e para as pessoas com necessidades especiais, privilegiando o esporte de base.

Esporte, Economia e Negócios

- Vinculação mínima de 1% do orçamento federal, estadual, e municipal, através de emenda constitucional, para o esporte, em suas quatro manifestações definidas no texto básico sistematizado,ou seja, esporte educação, esporte de participação (ou de lazer), esporte de rendimento e esporte social.

- Criar leis de incentivos fiscais em nível municipal, estadual e federal.

- Criação de um Fundo para o Desenvolvimento do Esporte e Lazer vinculado ao Ministério do Esporte, com a destinação de recursos prioritária para os municípios, condicionando o repasse das verbas à existência de Conselhos de Esporte e Lazer que exercerão fiscalização sobre a aplicação dos recursos.

- Regulamentar sistemas de consórcios e sorteios bem como outras modalidades de apostas que financiem o Esporte e Lazer.

- Criar programa de Esporte e Lazer na programação de rádio e TV do Sistema Radiobrás, para divulgação de políticas, temas e eventos do esporte e do lazer, assim como fomentar a veiculação de eventos esportivos, estimulando as modalidades na sua base e nas divisões inferiores com o uso de"Janelas de Libras" e legendas.

Esporte, Administração e Legislação

- Criação e implementação de um Sistema Ãšnico de Esporte e lazer para o Brasil contemplando: gestão, ordenamento legal, participação popular (conselhos e conferências) e financiamento do esporte e lazer.

- Exigência e apoio para a criação: de órgãos estaduais e municipais específicos para o desenvolvimento do esporte e do lazer; de fundos estaduais e municipais de esporte e lazer vinculados aos conselhos estaduais e municipais de esporte e lazer respectivamente; das ouvidorias de esporte e lazer nos Estados e Municípios e Distrito Federal; legislação antidoping para o desporto de alto rendimento.

- Desenvolvimento do desporto, do paradesporto e do lazer mediante destinação orçamentária e inclusão nos planos diretores municipais de recursos que garantam a construção e manutenção de espaços e a infra-estrutura destinada ao setor, com garantia de destinação orçamentária priorizando as regiões norte e nordeste, considerando o fator amazônico e os desequilíbrios regionais, e especificando, ainda, subvenção para operacionalidade administrativa e estrutural das federações, ligas e associações esportivas não profissionais. Alteração do

Estatuto da Cidade para destinar espaços exclusivos para o
esporte e o lazer nos aglomerados residenciais.

- Aprovação de legislação, em caráter de urgência: que
regulamente a lei Agnelo/Piva ; que proporcione políticas de
ação de incentivo para todos os entes federados, viabilizando
espaço, recurso, projetos para o desenvolvimento do desporto e
paradesporto social, do lazer, de rendimento e educacional; que
garanta instrumentos para o aperfeiçoamento técnico dos
profissionais que atuam na área desportiva; que incentive a
criação de secretarias / órgãos / departamentos e conselhos de
esporte, com a participação de todos os segmentos que
regulamente a destinação de recursos provenientes de empresas
estatais, autarquias e fundações públicas; que altere a Lei
9615/98, disciplinando acerca do processo eleitoral das
entidades que compõem o Sistema Nacional do Desporto; que
crie um Fundo Nacional do Desporto e Lazer, destinado ao
fomento e viabilização através do aumento de recursos para o
esporte e lazer e do aumento na participação dos recursos
provenientes das loterias e demais jogos legalizados; que ao
regulamentar os bingos direcione percentual para o esporte,
mantendo vinculado a entidade esportiva; que destine
percentual sobre os royalties do petróleo para o esporte e lazer;
que crie e implemente fundos e /ou leis de incentivo ao esporte
e lazer em nível municipal, estadual, distrital e federal; que
destine parte dos impostos , taxas e contribuições cobradas
sobre qualquer atividade esportiva, para aplicação no lazer e no
esporte de base; que instrumentalize gestores públicos e
privados para a captação de recursos, criando um plano anual
de desporto e lazer e o Sistema Ãšnico do Desporto e Lazer;e
que inclua as entidades de administração e promoção do
desporto e lazer, sem fins lucrativos ou econômicos, dentre as
beneficiadas pela imunidade tributária referida no artigo
150,VI,c, da Constituição Federal. Aprovação do abatimento no
IRPF e IRPJ das doações ao Esporte e ao Lazer, à semelhança
das deduções já existentes para o Estatuto da Criança e
Adolescente e à produção audio-visual.

Esporte e Conhecimento

- Promover a formulação, o fomento, o apoio, o incentivo e o financiamento a políticas públicas de formação continuada, descentralizadas e desconcentradas, articuladas com as instituições de ensino superior públicas e privadas e instituições científicas, ONG`S, associações de moradores para qualificar o trabalho de gestores de esporte e lazer, profissionais acadêmicos da área de Educação Física, Esporte e Lazer, agentes sociais de esporte e lazer e ex-atletas, visando o desenvolvimento científico da Educação Física, do Esporte e Lazer, priorizando o atendimento das demandas sociais, principalmente nas regiões norte, nordeste e centro-oeste, onde ainda não existem cursos de mestrado e doutorado na referida área.

- Incentivar, apoiar e financiar políticas públicas descentralizadas e desconcentradas, que promovam a produção de conhecimento e estudos científicos visando o desenvolvimento do lazer, da Educação Física e do esporte em suas diversas manifestações. Essas políticas deverão contemplar a iniciação científica, a criação e manutenção da infra-estrutura e modernização de equipamentos para o desenvolvimento de centros, núcleos e grupos de pesquisa, preferencialmente em universidades. O produto desta ação deverá levar em conta os problemas sociais e a diversidade regional, promovendo a cooperação técnica, científica e o intercâmbio em nível municipal, estadual, nacional e internacional.

- Elaborar, fomentar, apoiar e incentivar políticas públicas de informação e documentação, visando a socialização do conhecimento, o aperfeiçoamento da gestão pública e o desenvolvimento científico e tecnológico da Educação Física, do Esporte e do Lazer. Estas políticas deverão contemplar a criação de uma rede nacional de documentação e informação, um diagnóstico do esporte e do lazer, apoio à preservação de documentos, formação de recursos humanos, a criação de listas

de discussões técnico-científicas e de um banco de dados de informações do esporte e do lazer e, finalmente, apoio à criação de bibliotecas virtuais que disponibilizem a produção científica e o acervo literário.

- Implementar ações de políticas públicas de difusão de conhecimento em Educação Física, Esporte e Lazer, através do financiamento de eventos científicos e culturais em âmbito nacional e internacional e de publicação de periódicos científicos e livros na área, bem como apoiar e incentivar a implantação de cursos de mestrado e doutorado nas regiões Norte, Nordeste e Centro-Oeste, na área de Educação Física, Esporte e Lazer.

- Elaborar e implementar ações que permitam maior controle público dos programas do Ministério do Esporte, visando à sua democratização, desburocratização e participação da sociedade.

Nota Técnica: As emendas ao texto básico, bem como a aprovação da resolução que propõe a criação do Sistema Nacional do Esporte e do Lazer, foram complementadas pelas propostas de ação que, para efeito desta sistematização, foram registradas na íntegra, conforme aprovado pela plenária final da Conferência. Entretanto, cabe ressaltar que, na perspectiva de sua implantação, algumas propostas deverão ser adequadas ao contexto geral, considerando as duplicidades e/ou as divergências presentes no texto, já que foram discutidas e aprovadas por eixos temáticos e agora integram o conjunto de ações.

Assim, as propostas de ação referentes ao financiamento do esporte e do lazer (regulamentação da Lei nº 10.264/01, incentivos fiscais, orçamentos governamentais, entre outros) deverão ser objeto de estudo detalhado visando o dimensionamento preciso de alíquotas e metas para captação, considerando o cenário econômico nacional.

Quanto ao Sistema Nacional de Esporte e do Lazer, caberá promover o estabelecimento de suas bases (princípios, diretrizes e objetivos

propostos) em consonância com as demais políticas nacionais e em fase
com as discussões do Estatuto do Esporte no Congresso Nacional.

MOÇÕES

A 1ª Conferência Nacional do Esporte aprovou ainda Moções que,
embora encaminhadas aos seus destinatários, são apresentadas a seguir,
de forma a compor o registro completo das resoluções aprovadas em
plenária. Vale ressaltar que as moções foram aprovadas em bloco pela
plenária, sem julgamento de mérito.

Esporte e Alto Rendimento

- Moção de louvor: A fala do Presidente da República
  considerando os principais clubes de futebol, assim como
  Confederações e Federações, como patrimônio do país e que
  devem ser objeto de um estudo sério por parte do governo.

- Moção de repúdio à maneira com que foram expedidas as
  passagens aéreas. Os interiores que têm vôos regionais não
  receberam passagens para os necessários deslocamentos
  interior-capital e capital-interior. As passagens só
  contemplaram os vôos nacionais, afirmando uma postura
  marginalizadora e centralizadora do esporte, nos dias de hoje.

Esporte Educacional

- Moção de recomendação: Diante da manifestação pública do
  Ministro de Esporte, na abertura da 1ª Conferência Nacional do
  Esporte, anunciando como procedimento inovador de
  premiação nos JEB's (Jogos Escolares Brasileiros) deste ano, a
  concessão para o 1º lugar – além de medalhas e troféus -
  equipamentos esportivos, melhoria e/ou construção de infra-
  estrutura esportiva para a escola. Tal entendimento e intenção
  política destoam absolutamente dos princípios, diretrizes e
  objetivos expostos na Tese Guia da referida conferência, além
  de reproduzir de maneira exagerada a lógica tradicional da

"pirâmide esportiva", onde as consequências destas intenções anunciadas só acirrarão a competitividade e hiperseletividade nas escolas, indo de encontro ao conceito básico do esporte educacional.

- Moção de repúdio a aprovação da Lei nº 10.793 de 1º de dezembro de 2003. Os delegados participantes da 1ª Conferência Nacional de Esporte acontece no período de 17 a 20 de junho em Brasília, vêm através deste documento repudiar a aprovação da Lei nº 10.793, de 1º de dezembro de 2003, que altera o parágrafo 3º do artigo 26 da Lei nº 9394/96, que faculta o acesso ao ensino da Educação Física aos alunos: 1- Que cumpra jornada de trabalho igual ou superior a seis horas; 2- Pessoa maior de 30 anos de idade; 3- Que estiver prestando serviço militar inicial ou que, em situação similar estiver obrigado à prática da Educação Física; 4- Amparado pelo Decreto-lei nº 10.044 de 21 de outubro de 1969; 5- Que tenha prole. A facultatividade aos alunos aqui referidos, significa a exclusão dos mesmos a um saber, componente da Base Nacional Comum, fato este que comprometerá a educação plena do aluno, princípio fundamental, assegurado na LDB. A aprovação desta Lei constitui-se em ação política autoritária, na medida em que desconsidera discussões importantes no âmbito da Educação Física no Brasil, a partir do final da década de 70. A vigência da referida Lei, representa um retrocesso inadmissível, para a Educação Física enquanto campo de conhecimento, e sobretudo, enquanto componente curricular .

Futebol

- O Ministério de Esporte deve investir, estimular e financiar competições regionais de caráter comunitário, social e municipal, com vistas a fomentar ações de formação e qualificação de atletas.

- Estender os benefícios da lei PIVA aos clubes e ligas amadoras, e criar uma legislação impedindo que as áreas destinadas à instalação de equipamentos esportivos não sofram mudanças de destinação para qualquer outro fim.

- Criar linha de crédito especial para financiamento das entidades de práticas do futebol com recursos do BNDES, orçamento federal, municipal, estadual, FAT e outros fundos, para financiar a formação de atletas e construção de equipamentos físicos necessários. Destinar percentual de 10% dos bens apreendidos pela polícia e receita federal, oriundos do tráfico de drogas e contrabando, a investimentos na formação de atletas.

- Incentivo ao fator amazônico, como diferenciador dos repasses transparentes de verbas, acomodações para atletas dos estados da região norte e nordeste.

- As entidades que trabalham com escolinhas de futebol, tenham um acompanhamento do profissional da área, psicopedagogo, assistente social e fiscalização do conselho tutelar juntamente com o Ministério do Esporte.

Esporte, Lazer e Qualidade de Vida

- Moção de agradecimento: Ao Governo Federal pela iniciativa da convocação e realização da Primeira Conferencia Nacional do Esporte, com o tema Esporte, Lazer e Desenvolvimento Humano. Agradecimento a todos os delegados que deixaram seus afazeres e o conforto de seus lares para estarem aqui conosco, durante esses quatro dias para ajudar a construir esse momento histórico. Em nome de todos os delegados eleitos e convidados do Distrito Federal a cada um dos colegas de todas as regiões do Brasil, parabéns à mesa que, com muita competência e responsabilidade, soube conduzir os nossos trabalhos.

- Moção de apoio: À realização da 1ª Conferência Nacional do Lazer, a ser organizada pelo Ministério do Esporte em conjunto com os Ministérios de Educação, Cultura, Meio ambiente, Turismo e Cidades.

- Moção de repúdio: Aproveitando a realização desta 1a Conferência do Esporte, que vem assegurar o direito constitucional de acesso de todos ao esporte e lazer. E nós que atuamos com a pessoa adulta maior, já nos sentimos excluídos e por essa razão vimos repudiar pela não inclusão dos jogos da terceira idade nos jogos nacionais 2004. Pois hoje é um direito garantido em seu estatuto. Entendemos que o esporte é acima de tudo, poderoso fator de desenvolvimento humano, porque contribui para a formação física e intelectual das pessoas e na melhoria da qualidade de vida do conjunto da sociedade. Com a inclusão dos jogos nacionais, o esporte para a população da pessoa adulta maior se tornará mais ainda em atividade essencial e com certeza trará maiores benefícios às vidas de muitos idosos.

Direito ao Esporte e ao Lazer

- Moção de Aplausos: Parabenizando a organização da I Conferência Nacional do Esporte, na pessoa do Ministro do Esporte, Agnelo Queiroz, que através da organização conseguiu levar a bom termo as propostas apresentadas. E também aplausos a todos os delegados que se deslocaram de várias partes do país por amor e dedicação ao esporte e ao lazer em toda sua plenitude, com a participação de vários segmentos da sociedade, repudiando o corporativismo que só divide ao invés de congregar. Parabéns a todos.

- Moção de Repúdio: Considerando que alguns governos estaduais e municipais estão tentando reduzir custos na educação, retirando da escola a disciplina Educação Física; considerando a importância da atividade física e esportiva como meio de formação global do indivíduo; encaminhamos uma moção de repúdio à terceirização da Educação Física escolar que passa a ser atendida em academias e clubes, apenas com alunos executando a prática de movimento sem conceituação do aprendizado global.

- Moção de Protesto e Repúdio: À ingerência indevida do sistema CONFEF/CREF às manifestações da cultura corporal como a capoeira, artes marciais, artes circenses, dança, ioga e esportes indígenas. Entendemos que atitudes como esta não contribuem para a elevação necessária do papel do profissional de educação física na construção de uma convivência democrática que objetiva a consolidação da inclusão social. E manifestamos nosso apoio ao projeto de lei nÂ° 7370 em tramitação na Câmara, que exclui da lei nÂ°9696/98 que regulamenta o profissional de educação física, os chamados conteúdos formadores da identidade cultural nacional no sentido de um amplo debate junto à sociedade civil e possível alteração da referida lei.

- Moção de Repúdio pela falta de sensibilidade para com o delegados com deficiência. A acessibilidade foi muito prejudicada aos locais de reunião e alimentação como também o transporte, pois o percurso de deslocamento era longo.

Esporte, Economia e Negócios

- **Moção de Apoio:** Ao Presidente da República pelo compromisso publicamente assumido de encaminhar a Lei de incentivo ao esporte. Que esta lei traduza o sentimento desta Conferência.

- **Moção de Apoio:** Defendemos a importância da viabilização de políticas públicas de resgate e divulgação das manifestações culturais e de identidade dos povos indígenas. São manifestações que contêm sabedorias milenares desconhecidas por grande parte dos brasileiros. Garantir o financiamento específico, incluindo a criação de uma rubrica nos níveis federal, estadual e municipal para fomentar, incentivar e valorizar a prática de atividades culturais de esporte e lazer próprias dos povos indígenas, levando em conta sua diversidade social e cultural. Esse financiamento deve contemplar as necessidades locais de espaço, de materiais e de agentes indígenas das comunidades. Sem esta ação não será possível concretizar a valorização das manifestações indígenas.

- **Moção de Recomendação:** Destinação de Recursos Financeiros e Operacionais do FAT – Fundo de Apoio e Amparo ao trabalhador, para capacitação e qualificação de profissionais, que tenham atuação profissional nas áreas do esporte e do lazer.

- **Moção de Recomendação:** O esporte ainda é um instrumento que chega satisfatoriamente a todas as camadas sociais, não escolhendo sexo, cor, religião ou poder social, apenas contendo possibilidades maiores e menores na forma e meio de praticá-las. Ficando a população de baixa renda a necessitar de mais apoio de forma a dar continuidade as suas atividades que, em sua maioria, tende a se dirigir aos órgãos municipais, carentes de recursos para atender a grande demanda. Não se entende como o GOVERNO deixa de socorrer as prefeituras para contribuir com clubes de futebol profissional, por isso, desejamos que toda e qualquer ajuda deva ser destinada ao esporte de participação através dos municípios.

- **Moção de Agradecimento:** Considerando a importância do Esporte e do Lazer na vida do ser humano, nós delegados que participamos da 1ª Conferência Nacional do Esporte, agradecemos ao Excelentíssimo Senhor Presidente da República, ao Senhor Ministro de Esporte e a sua abnegada e competente equipe pela realização deste evento, que por certo, revolucionará as práticas do esporte e do lazer no Brasil, com resultado altamente positivo para nosso povo e para nossa nação.

- **Moção de Repúdio:** Aos valores no orçamento da União e das loterias para o esporte.

Esporte, Administração e Legislação

- **Moção de Apoio:** Ao apoio ao Instituto Brasileiro de Direito Desportivo(IBDD), pelo trabalho de divulgação, promoção, expansão e incremento do Direito Desportivo.

- **Moção de Apoio:** A Conferência Nacional do Esporte conclama o Congresso Nacional à votação urgente do Estatuto do Desporto, com a realização de audiências públicas nos estados e com ampla divulgação, pelo Ministério do Esporte, do teor da matéria.

- **Moção de Apoio:** Ao Congresso Nacional para em caráter de urgência votar, aprovar e encaminhar para execução o projeto de lei de incentivos fiscais para esporte e lazer.

- **Moção de Apoio:** Ao Senado Federal da República pela manutenção dos Bingos, com a ressalva de que, com a maior urgência seja regulamentada a matéria, priorizando: 1º Fiscalização rígida; 2º Obrigatoriedade de destinar no mínimo 2% de suas receitas ao esporte e ao lazer.

- Moção de reconhecimento do Quimbol como esporte de identidade nacional.

A lei nº 10.891 que instituiu a Bolsa-Atleta foi sancionada em 09 de julho de 2004 e publicada no D.O.U. em 12 de julho de 2004

A Lei nº 10.264/01 foi regulamentada pelo Decreto nº 5.139, de 12 de julho de 2004, publicado no D.O.U. em 13 de julho de 2004.

O grupo de trabalho do Eixo Temático Futebol optou por propor recomendações em substituição às moções.

O Grupo de trabalho do Eixo Temático Esporte e Conhecimento optou por não apresentar moções.

Agnelo Queiroz faz juramento e toma posse como governador do DF

Discurso de Posse

Agnelo Queiroz já é o governador do Distrito Federal. o petista, ao lado do vice Tadeu Filippelli, chegaram à Câmara Legislativa do DF pouco antes das 11h deste sábado (1º/10) e, após fazerem juramente, assumiram seus respectivos cargos. Cerca de 500 convidados acompanharam a cerimônia no auditório da Câmara Legislativa.

Às 10h45, o deputado distrital Patrício, como presidente da legislatura anterior da Câmara Legislativa, compôs no auditório da Casa a mesa da cerimônia de posse do governador eleito.

Ao lado de Chico Leite, primeiro secretário da mesa, ele designou os distritais Arlete Sampaio, Cláudio Abrantes, Evandro Garla e Chico Vigilante para recepcionar Agnelo Queiroz e Tadeu Filippelli na porta da Câmara Legisltiva.

01/01/2011

Agnelo Queiroz toma posse como governador e promete limpar Distrito Federal

Com mais de uma hora de atraso, o governador eleito do Distrito Federal, Agnelo Queiroz (PT) tomou posse na Câmara Legislativa da capital federal na manhã deste sábado (1º).

O primeiro ato de Agnelo será a operação "DF em ação", a partir das 8h deste domingo, para dar início a lavagem, limpeza e poda da cidade.

O novo governador do DF segue para o Palácio do Buriti, onde haverá a transmissão de cargo.

Emocionado, Agnelo chorou por mais de uma vez durante o discurso feito de improviso aos deputados distritais e convidados no qual agradeceu até mesmo aos eleitores que votaram nos adversários dele durante a eleição. "Tenho muitas ambições, mas todas elas cabem no quadrilátero que delimitam o Distrito Federal. Cabem todas aqui dentro porque elas podem ser sintetizadas num só compromisso: resgatarei o orgulho do povo do DF."

Ao assumir o DF, onde o DEM foi acusado comandar esquema de desvio de dinheiro público e distribuição de propina, o PT e Agnelo retomam também o discurso de "limpeza ética".

"Não é aceitável que uma cidade que nasceu para ser modelo seja motivo de achincalhe nacional. Meu compromisso é com a ética e transparência, quem fizer diferente será cobrado por mim e responderá pelos atos na Justiça", disse o governador, afirmando que a corrupção, falcatruas, negociatas trouxeram o caos à capital do país.

Desde novembro de 2009, o DF enfrenta uma crise que levou o governador José Roberto Arruda à prisão, fez o vice Paulo Octávio renunciar ao cargo e obrigou a Câmara Legislativa organizar uma eleição indireta --que elegeu em abril deste ano Rogério Rosso (PMDB) para um mandato tampão.

Rosso, por sua vez, foi criticado por ter administrado a capital com descaso, deixando lixo e mato alto tomarem conta da cidade no último mês.

Com o apoio do Palácio do Planalto e a promessa de que seria dele a vaga de candidato a governador, Agnelo trocou o PC do B pelo PT em julho de 2008.

Como representante do partido comunista, Agnelo chefiou no governo Lula o Ministério do Esporte de 2003 a 2006, quando deixou a pasta para disputar uma vaga no Senado.

Perdeu para Joaquim Roriz, que este ano foi novamente seu mais forte adversário durante as eleições. Enquadrado na Lei do Ficha Limpa, Roriz abriu mão de sua candidatura e foi substituído pela própria mulher, Weslian --segunda colocada.

Para ser o candidato do PT, Agnelo disputou prévias internas da legenda com o deputado federal Geraldo Magela, agora escalado para a secretaria de Desenvolvimento Urbano e Habitação do DF.

Antes de ser empossado na Câmara Legislativa, Agnelo e seu vice, Tadeu Filippelli (PMDB), assistiram a uma missa na igreja Dom Bosco. O esquema de segurança montado para a posse da presidente Dilma Rousseff (PT) impediu que o governador do DF começasse o dia rezando na Catedral de Brasília.

Agnelo Queiroz   Evan do Carmo

118

Trabalho de Agnelo começa neste domingo, às 8h

O novo governo toma posse às 10h de hoje e coloca a mão na massa às 8h de amanhã, quando iniciará uma faxina no Buraco do Tatu, que liga o Eixão Sul ao Eixão Norte, na região central de Brasília. Na madrugada de domingo para segunda-feira, a limpeza se estenderá para Rodoviária do Plano Piloto. A providência foi batizada de DF em Ação e será o primeiro ato da nova administração. A operação é coordenada pela Secretaria de Obras, mas contará com a participação das pastas de Meio Ambiente, Transportes, Segurança, além de empresas como a Companhia Urbanizadora da Nova Capital (Novacap) e o Serviço de Limpeza Urbana (SLU).

Está marcado para a 1h da madrugada desta segunda-feira o mutirão na Rodoviária. Servidores do governo vão limpar, lavar e pintar os meios-fios do lugar. A operação de limpeza ocorrerá em parceria com a Secretaria de Desenvolvimento Social, que participará da atividade para assegurar a integridade de moradores de rua, muitos dos quais passam a noite no local. Entre essas pessoas há crianças e jovens viciados em crack.

Às 7h de segunda-feira, homens e máquinas da Novacap, do SLU e do Departamento de Estradas e Rodagem (DER) estarão a postos para o início do mutirão, que inclui corte de grama, limpeza das vias, recolhimento do lixo e a cobertura de buracos nas vias. Calçadas e jardins da Asa Sul e da Asa Norte serão os primeiros a serem assistidos pela faxina oficial.

Também na segunda-feira, no primeiro horário, duas patrulhas mecanizadas — com seis caminhões e tratores — vão para Vicente Pires. Uma equipe atuará na Vila São José e a outra na Colônia Agrícola Samambaia. Ainda na segunda serão realizadas três reuniões,

a primeira delas às 9h30, na vice-governadoria, que funcionará no Palácio do Buriti. Na ocasião, será divulgado o mapa dos locais onde haverá a operação tapa-buracos. "Nosso objetivo é devolver a normalidade à cidade e fazer com que os brasilienses voltem a ter orgulho de Brasília", afirmou ontem Luiz Carlos Pitiman, que assume hoje como secretário de Obras do governo Agnelo.

Pitiman chegou a conversar com a secretária de Desenvolvimento Social, Arlete Sampaio, sobre a possibiliade de coordenar o mutirão com uma ação social no sentido de remover os moradores de rua da Rodoviária para abrigos do governo. Arlete disse ao Correio, no entanto, que esse tipo de ação é mais delicada e requer um planejamento cuidadoso. "Durante a limpeza física, nós vamos estar lá para proteger as pessoas. Temos de resolver o problema da população de rua de uma forma que respeite integralmente os direitos humanos. Esse trabalho será feito ao longo do governo, não será numa noite, nem numa madrugada", disse a nova secretária de Desenvolvimento Social.

Programação

Veja abaixo as primeiras ações prometidas pelo governo Agnelo Queiroz

Domingo, 8h
Lavagem e pintura da sinalização do túnel da Rodoviária do Plano Piloto, o chamado Buraco do Tatu.

Segunda-feira, 1h
Limpeza, lavagem e pintura dos meios-fios da Rodoviária do Plano Piloto.

Segunda-feira, 7h
Conferência das máquinas e acompanhamento da saída das equipes envolvidas na operação.

Agnelo Queiroz   Evan do Carmo

Segunda-feira, 9h

Início dos trabalhos de corte do mato alto em quadras e jardins do Plano Piloto, seguindo pelas principais ruas e avenidas.

Dias seguintes

Operação nas principais estradas que levam às cidades do DF.

Primeiras ações do novo governo começam neste domingo

As primeiras ações do novo governador do Distrito Federal, Agnelo Queiroz, começam neste domingo (2). Batizada de DF em ação será iniciada uma operação para limpar a capital. O Buraco do Tatu, que liga o Eixão Sul ao Eixão Norte, na região central de Brasília, será o primeiro local a receber o mutirão da limpeza.

Logo depois, os trabalhos seguem para Rodoviária do Plano Piloto. A operação será coordenada pela Secretaria de Obras, mas contará com o apoio das pastas de Meio Ambiente, Transportes, Segurança, além de empresas como a Companhia Urbanizadora da Nova Capital (Novacap) e o Serviço de Limpeza Urbana (SLU).

Já na segunda-feira (3), no primeiro horário, servidores do GDF e máquinas da Novacap, do SLU e do Departamento de Estradas de Rodagens (DER) estarão prontas para retomar a operação, que desta vez abordará as vias e avenidas do DF. Calçadas e jardins da Asa Sul e Asa Norte serão os primeiros locais a serem atingidos pela faxina oficial. Corte de grama, recolhimento de lixo e cobertura de buracos são ações incluídas no mutirão.

Também na segunda-feira, estão previstos três encontros. Um deles é uma reunião na vice-governadoria, que funcionará no Palácio do Buriti. Na ocasião, será divulgado o mapa dos locais onde haverá operação tapa-buracos.

O Governador, Agnelo Queiroz destaca ações do governo nas áreas de Saúde e Segurança

Agnelo Queiroz

Naedição desta terça-feira do programa semanal Conversa com o Governador, AgneloQueiroz destaca ações do governo nas áreas de Saúde e Segurança

Brasília,24 de abril de 2012 – No programa Conversa com o Governador desta terça-feira (24), Agnelo Queiroz ressaltoualgumas ações do Governo do Distrito Federal para melhorar a Segurança e a Saúde,entre elas as iniciativas do Programa Ação pela Vida, a realização de mutirões e transplantes e os investimentosna saúde básica.

Agnelo Queiroz

Evan do Carmo

123

Em entrevista ao jornalista Carlos Campbell,o governador destacou a importância da integração no combate à criminalidade. "Éuma ação que envolve vários órgãos. É preciso contar com o apoio das áreas deinfraestrutura para ajudar na revitalização dos lugares críticos e atuar compoliciamento inteligente, equipamentos, tecnologia e profissionais bemtreinados, por exemplo", disse.

No âmbito do enfrentamento à violência contraa mulher, Agnelo Queiroz salientou a criação de mais um canal para a denúnciadesses casos, por meio do 156. "Agora há mais uma alternativa, a opção 6 dotelefone 156, para reforçar e estimular ainda mais as denúncias de violênciacontra a mulher", disse.

Investimentosna Saúde – Durante o programa, o governador enfatizou, ainda, asações voltadas à Saúde, como a realização de transplantes e mutirões decirurgias, a exemplo do de catarata, que termina hoje. Segundo Agnelo Queiroz,o DF vem realizando procedimentos cirúrgicos de alta complexidade.

"Realizamos uma ação muito importante no mês passadoem homenagem ao Dia Internacional da Mulher, o Março Mulher. Fizemos um mutirãode reconstituição da mama para mulheres que tinham retirado a mama emdecorrência do câncer nessa área. Ao todo, foram 57 cirurgias de reconstituiçãomamária", relembrou o governador.

As cirurgias bariátricas realizadas noHospital Regional da Asa Norte (Hran), que é referência no procedimento, tambémforam destacadas na entrevista. Para Agnelo Queiroz, a área da Saúde exigeplanejamento e mudança de estratégia. "A política de saúde, antes, erahospitalar. Estamos mudando a política de saúde para dar prioridade à atençãobásica", finalizou.

O programa – O Conversa com o Governador étransmitido pela rádio Cultura FM (100,9) às 7h, com retransmissões às 9h, 12he 18h30. Criado pela Secretaria de Comunicação Social, o programa tem duplodesafio: estreitar o diálogo com a população e prestar contas das

 açõesadotadas pela atual gestão do GDF para melhorar a qualidade de vida e conferirexcelência aos serviços públicos.

Entre os temas já abordados estão Transparência,Agricultura, Saúde, Segurança Pública, Copa do Mundo de 2014, Copa dasConfederações, Transporte, internet banda larga, servidores públicos, valorizaçãodos idosos, Cultura, Habitação, Educação, cuidados com a infância, prioridadespara 2012, criação de parques no Distrito Federal, o Programa de Aceleração doCrescimento (PAC) do Entorno, regularização fundiária, Carnaval 2012,Aniversário de Brasília 2012 e 1ª Bienal Brasil do Livro e da Leitura, Políticade Resíduos Sólidos, modelo de transporte público do DF, políticas de atenção àmulher e participação popular.

Todo o conteúdo do programa estará disponívelpara download na página da AGÊNCIA BRASÍLIA. A reprodução é livre, desdeque citado o crédito dos realizadores.

Denúncias sobre seu Governo

O Ministério Público do Distrito Federal defendeu na Justiça de Brasília a suspensão da execução dos contratos das empresas de transporte público, por entender que houve "superfaturamento das tarifas oferecidas pelas empresas vencedoras". A manifestação do procurador Cláudio João Medeiros Miyagawa Freire, feita com base em parecer do Ministério Público de Contas local, questiona uma licitação de quase 10 bilhões de reais do DF para a substituição de toda a frota do transporte público.

Segundo processo que corre na Justiça de Brasília, as empresas que ofereciam tarifas de ônibus bem menores foram desclassificadas na licitação. O MP também concluiu que houve participação ativa de pessoas estranhas à Comissão de Licitação no julgamento das habilitações, nas respostas a recursos e julgamento das propostas financeiras, uma espécie de consultoria jurídica privada sem qualquer contrato direto com a Administração Pública.

O promotor concluiu ainda que a licitação beneficiou empresas do mesmo grupo econômico. Trata-se do grupo Nenê Constantino, que levou duas das cinco linhas de ônibus em Brasília. Somente cinco grandes empresas foram classificadas, para as cinco linhas disponíveis na licitação bilionária. Duas linhas mais rentáveis e com maior previsão de expansão populacional ficaram com o grupo de Nenê Constantino. Dois membros da Comissão de Licitação consignaram em documento que não estavam lendo os relatórios que assinavam, mas que tinham que assinar, por determinação do governo local. Esses documentos não foram anexados ao processo oficial da comissão de licitação, mas já estão em poder do Ministério Público do DF. O processo para derrubar a licitação é movido pela deputada Celina Leão (PDT-DF). "A cidade inteira espera ônibus novos, mas a licitação não pode lesar o erário", diz a deputada.

Procurada pelo site de VEJA, a assessoria do governador Agnelo Queiroz (PT) não se manifestou.

Por Reinaldo Azevedo

O esquema de Agnelo Queiroz na Internet, montado com dinheiro público, no CQC

A VEJA.com já publicou uma **reportagem** em que trata dos perfis falsos a que recorrem os políticos nas redes sociais. Um dos useiros e vezeiros desse expediente indecoroso é o governador do Distrito Federal, Agnelo Queiroz, do PT. Reproduzo trecho da reportagem de Marcella Mattos e Gabriel Castro. Volto depois.

Outro político enrolado que recorre a estratégias questionáveis é o governador do Distrito Federal, Agnelo Queiroz (PT). O site de VEJA localizou cinquenta perfis falsos que funcionam apenas para divulgar o nome do governador no Twitter. A hashtag #Agnelo_Queiroz, usada pelos falsários, liga o nome do governador a notícias positivas e ajuda a reverter a imagem ruim do petista, alvo de várias denúncias de corrupção.

Ao contrário do que ocorre com os perfis ligados a Renan, a maior parte dos perfis fictícios de Agnelo funciona de forma automática, como se fossem robôs espalhando periodicamente notícias sobre o governador e criticando adversários. Entre os alvos, estão os senadores Cristovam Buarque (PDT-DF) e Rodrigo Rollemberg (PSB-DF) e o ex-deputado Alberto Fraga (DEM).

Alguns perfis, no entanto, se comportam de forma mais elaborada. A principal personagem da turma é uma certa Lúcia Pacci, que se identifica como jornalista e socióloga e informa trabalhar em uma empresa que na verdade não existe. Ela mantém um blog em que, protegida pelo anonimato, faz ataques virulentos a adversários políticos e à imprensa. O deputado Fernando Franceschini chegou a registrar boletins de ocorrência depois de sofrer ameaças. "Eles eram

comandados por uma pessoa que fazia defesa do governo. Cada vez que eu tuitava alguma coisa, todos eles ao mesmo tempo respondiam com mentiras deslavadas", diz o parlamentar.

A foto que Lúcia Pacci usa para se identificar na verdade é da atriz francesa Laurence Février. Procurando por Lúcia, a Justiça do Distrito Federal chegou a entregar uma intimação à jornalista Daniela Novais, que escreve para um site local. Ela disse ter ficado surpresa: "Não faço ideia de quem ela seja", diz Daniela.

Um dos seguidores de Lúcia Pacci e de outros perfis falsos pró-Agnelo é o publicitário e marqueteiro político Sérgio Diniz Vieira, que trabalhou na campanha de Agnelo. Ele interage com os amigos inexistentes e compartilha conteúdo espalhado por eles. Diniz, que afirma não manter vínculo empresarial ou empregatício com o governo, é presença frequente em eventos de Agnelo Queiroz. A mulher dele, Rosa Sarkis, exibe em seu histórico profissional um trabalho com o fotógrafo Júnior Takamoto – o mesmo que a fictícia Lúcia Pacci apontou como seu antigo emprego. Além disso, o perfil da blogueira aponta São Carlos (SP), como terra natal. O site que Sérgio e Rosa mantêm é hospedado em uma empresa de… São Carlos. Sérgio diz que é tudo coincidência.

Voltei

O programa CQC, da Band, enviou Oscar Filho a Brasília para conhecer detalhes do esquema de Agnelo Queiroz. Oscar tentou falar com o governador a respeito.

MP aponta superfaturamento em contrato de R$ 10 bi da gestão Agnelo

O Ministério Público do Distrito Federal defendeu na Justiça de Brasília a suspensão da execução dos contratos das empresas de transporte público, por entender que houve "superfaturamento das tarifas oferecidas pelas empresas vencedoras". A manifestação do procurador Cláudio João Medeiros Miyagawa Freire, feita com base em parecer do Ministério Público de Contas local, questiona uma licitação de quase 10 bilhões de reais do DF para a substituição de toda a frota do transporte público.

Segundo processo que corre na Justiça de Brasília, as empresas que ofereciam tarifas de ônibus bem menores foram desclassificadas na licitação. O MP também concluiu que houve participação ativa de pessoas estranhas à Comissão de Licitação no julgamento das habilitações, nas respostas a recursos e julgamento das propostas financeiras, uma espécie de consultoria jurídica privada sem qualquer contrato direto com a Administração Pública.

O promotor concluiu ainda que a licitação beneficiou empresas do mesmo grupo econômico. Trata-se do grupo Nenê Constantino, que levou duas das cinco linhas de ônibus em Brasília. Somente cinco grandes empresas foram classificadas, para as cinco linhas disponíveis na licitação bilionária. Duas linhas mais rentáveis e com maior previsão de expansão populacional ficaram com o grupo de Nenê Constantino. Dois membros da Comissão de Licitação consignaram em documento que não estavam lendo os relatórios que assinavam, mas que tinham que assinar, por determinação do governo local. Esses documentos não foram anexados ao processo oficial da comissão de licitação, mas já estão em poder do Ministério Público do DF. O processo para derrubar a licitação é movido pela deputada Celina Leão

(PDT-DF). "A cidade inteira espera ônibus novos, mas a licitação não pode lesar o erário", diz a deputada.

Procurada pelo site de VEJA, a assessoria do governador Agnelo Queiroz (PT) não se manifestou.

Por Reinaldo Azevedo

O show de horrores do Distrito Federal: Roriz, Arruda, Estevão, Agnelo...

Há mais de uma década, o eleitor do Distrito Federal acostumou-se a uma lamentável realidade: os políticos eleitos para representá-los acabaram envolvidos em escândalos de corrupção. A lista começa com Joaquim Roriz, passa pelo ex-senador Luiz Estevão, continua com José Roberto Arruda e atinge até o atual governador e candidato à reeleição, Agnelo Queiroz. Em 2014, a história não será diferente. Na semana passada, Roriz filiou-se ao nanico PRTB, seguindo os passos de Estevão. Arruda agora faz parte do PR.

Graças à Operação Caixa de Pandora, da Polícia Federal, que derrubou Arruda, e à Lei da Ficha Limpa, que tirou Roriz da disputa, o petista Agnelo venceu a eleição de 2010 com facilidade. Agora, ele luta contra a popularidade baixa e a perspectiva de uma disputa dura. A primeira conquista importante ele obteve: conseguiu do PMDB o compromisso de manutenção da aliança que o levou ao governo há três anos, embora uma ala do partido ainda ameace saltar do barco. Parte da dificuldade decorre da péssima gestão de Agnelo, somada ao histórico de escândalos mal – ou não – explicados. Por isso, nunca tantos nomes se animaram a disputar um lugar no Palácio do Buriti. Grupos políticos em decadência e antigos aliados do PT se entusiasmaram em entrara na briga.

José Roberto Arruda, que ainda não escolheu qual cargo disputará, precisará convencer o eleitor, pela segunda vez, que merece perdão. Em 2001 ele participou da violação do painel eletrônico do Senado e renunciou ao mandato para fugir da cassação. Voltou ao poder em 2002, como deputado federal. Em 2006, elegeu-se governador do Distrito Federal. Três anos depois, quando o esquema de corrupção montado por ele veio à tona, Arruda sucumbiu novamente diante de algumas das mais deploráveis imagens de roubalheira explícita da política brasileira – Arruda, por exemplo, aparece recebendo dinheiro de corrupção em um pacote. Ele chegou a ser preso pela Polícia Federal por cooptação de testemunha e perdeu o mandato.

Naquela época, o então governador deu sinais de que pensava em se manter na política: antes de ser expulso do DEM, deixou o partido por conta própria. Acabou enquadrado na lei de fidelidade partidária, que tirou-lhe o mandato. Ele tinha direito de recorrer à decisão do Tribunal Regional Eleitoral (TRE), mas optou por não fazê-lo. Há uma razão: com essa punição, Arruda apenas ficava sem o cargo de governador, mas estava apto a disputar as próximas eleições. Caso permanecesse no posto, ele fatalmente seria cassado pela Câmara Legislativa do DF, o que lhe renderia um período de cinco anos de inelegibilidade.

Agora, o ex-governador chega ao PR com as bênçãos de Valdemar Costa Neto, mensaleiro e maior articulador do partido. Ele não hesitou em desalojar o comando do partido no Distrito Federal para emplacar um aliado de Arruda no posto.

Roriz
Já o ex-governador Joaquim Roriz, dono de um expressivo capital eleitoral, está firmemente disposto a se candidatar ao governo. Mas tem uma situação mais delicada: aos 77 anos, ele tem grandes chances de ser barrado pela Lei da Ficha Limpa. O governador renunciou ao mandato de senador, em 2007, para fugir da cassação, depois de ser flagrado negociando a partilha de 2,2 milhões de reais de origem escusa.

No fim de setembro, Roriz – que havia deixado o PSC após as eleições de 2010 – chegou a acertar seu ingresso no DEM. Mas a Executiva Nacional do partido decidiu rejeitar o registro. O ex-governador e sua filha, a deputada distrital Liliane Roriz, migraram para o PRTB. O partido, em Brasília, é comandado por ninguém menos do que o ex-senador Luiz Estevão. Jaqueline Roriz, outra filha do político e deputada distrital flagrada embolsando dinheiro desviado, é filiada ao PMN.

Estevão enfrenta o ostracismo há mais tempo que os colegas: cassado em 2000 por envolvimento em desvio de recursos públicos na obra do Tribunal Regional do Trabalho (TRT) de São Paulo, ele só poderá voltar a disputar eleições em 2022, devido à Lei da Ficha Limpa. Por isso, dedica-se à articulação política. Neste ano, o ex-senador se filiou ao PRTB e passou a comandar o partido na capital federal. "Eu vou me dedicar mais às chapas para deputados federais e distritais", diz ele.

Se for barrado pela Justiça Eleitoral, Roriz deve abandonar os planos eleitorais. Quem diz é Luiz Estevão: "Ele não cogita disputar outro cargo que não seja o de governador". Nesse caso, o plano já está traçado: quem irá para a disputa majoritária é Liliane Roriz. "A disposição dele em disputar o governo é real. Mas eu sou o plano B do meu pai", diz Liliane, que recentemente trocou o PSD pelo PRTB.

Em 2010, Roriz fez uma manobra desastrada e escolheu sua mulher, Weslian, para sucedê-lo e evitar o risco de impugnação da chapa por causa da Lei da Ficha Limpa. Inexperiente e despreparada, ela passou vexame nos debates e acabou derrotada por Agnelo.

Nova ala
Depois de apoiar Agnelo em 2010, o deputado federal José Antônio Reguffe (PDT) aceitou participar da disputa pelo governo no ano que vem. Ele foi apontado pelo diretório regional de seu partido na semana passada e aceitou a indicação. Deputado federal com maior votação proporcional em 2010 (20% dos votos do Distrito Federal), Reguffe

aposta suas fichas no discurso moralizador em um momento de descrédito generalizado.

Mas a falta de apoio de outras legendas pode prejudicá-lo. A decisão do PDT – partido que Reguffe quase deixou para se filiar à Rede Sustentabilidade – surpreendeu porque foi repentina e criou um problema: Rodrigo Rollemberg, do PSB de Marina Silva e Eduardo Campos, deve disputar o governo. O PDT não pretende recuar. "Imagine que o PDT decida apoiar Eduardo Campos no Brasil inteiro. Ele vai ter que fazer alguns gestos em alguns estados. E pode apoiar o Reguffe em Brasília", diz o senador Cristovam Buarque, comandante do PDT do DF.

Cristovam diz que Rollemberg e Reguffe podem disputar simultaneamente, mas vê problemas na possibilidade de divisão: "Se nenhum dos dois conseguir atrair o PSOL, aí fica mais difícil. Eles vão ter que se juntar", avalia o senador, que governou o DF de 1994 a 1998. O senador Rodrigo Rollemberg (PSB) não é propriamente uma novidade: em 2002, ele foi candidato a governador e não chegou ao segundo turno. Agora, entretanto, com a crise de Agnelo e o projeto presidencial do PSB, o nome do senador parlamentar pode ganhar força.

A lista de potenciais candidatos vai além: a deputada distrital Eliana Pedrosa também deve reforçar o time de oposição. A parlamentar, que já foi do DEM e do PSD, assumiu o comando do PPS na capital federal. O PSDB, por sua vez, pode lançar como candidatos dois ex-aliados de Agnelo: os deputados federais Izalci Lucas e Luiz Pitiman. É possível que, até abril, quando as chapas serão montadas, o cenário sofra alterações. Mas alguns personagens que envergonharam a política do Distrito Federal dificilmente ficarão de fora.

O esquema de Agnelo Queiroz na Internet, montado com dinheiro público, no CQC

A VEJA.com já publicou uma **reportagem** em que trata dos perfis falsos a que recorrem os políticos nas redes sociais. Um dos useiros e vezeiros desse expediente indecoroso é o governador do Distrito Federal, Agnelo Queiroz, do PT. Reproduzo trecho da reportagem de Marcella Mattos e Gabriel Castro. Volto depois.

(...)
Outro político enrolado que recorre a estratégias questionáveis é o governador do Distrito Federal, Agnelo Queiroz (PT). O site de VEJA localizou cinquenta perfis falsos que funcionam apenas para divulgar o nome do governador no Twitter. A hashtag #Agnelo_Queiroz, usada pelos falsários, liga o nome do governador a notícias positivas e ajuda a reverter a imagem ruim do petista, alvo de várias denúncias de corrupção.

Ao contrário do que ocorre com os perfis ligados a Renan, a maior parte dos perfis fictícios de Agnelo funciona de forma automática, como se fossem robôs espalhando periodicamente notícias sobre o governador e criticando adversários. Entre os alvos, estão os senadores Cristovam Buarque (PDT-DF) e Rodrigo Rollemberg (PSB-DF) e o ex-deputado Alberto Fraga (DEM).

Alguns perfis, no entanto, se comportam de forma mais elaborada. A principal personagem da turma é uma certa Lúcia Pacci, que se identifica como jornalista e socióloga e informa trabalhar em uma empresa que na verdade não existe. Ela mantém um blog em que, protegida pelo anonimato, faz ataques virulentos a adversários políticos e à imprensa. O deputado Fernando Francischini chegou a registrar boletins de ocorrência depois de sofrer ameaças. "Eles eram comandados por uma pessoa que fazia defesa do governo. Cada vez que eu tuitava alguma coisa, todos eles ao mesmo tempo respondiam com mentiras deslavadas", diz o parlamentar.

A foto que Lúcia Pacci usa para se identificar na verdade é da atriz francesa Laurence Février. Procurando por Lúcia, a Justiça do Distrito Federal chegou a entregar uma intimação à jornalista Daniela Novais, que escreve para um site local. Ela disse ter ficado surpresa: "Não faço ideia de quem ela seja", diz Daniela.

Um dos seguidores de Lúcia Pacci e de outros perfis falsos pró-Agnelo é o publicitário e marqueteiro político Sérgio Diniz Vieira, que trabalhou na campanha de Agnelo. Ele interage com os amigos inexistentes e compartilha conteúdo espalhado por eles. Diniz, que afirma não manter vínculo empresarial ou empregatício com o governo, é presença frequente em eventos de Agnelo Queiroz. A mulher dele, Rosa Sarkis, exibe em seu histórico profissional um trabalho com o fotógrafo Júnior Takamoto – o mesmo que a fictícia Lúcia Pacci apontou como seu antigo emprego. Além disso, o perfil da blogueira aponta São Carlos (SP), como terra natal. O site que Sérgio e Rosa mantêm é hospedado em uma empresa de… São Carlos. Sérgio diz que é tudo coincidência.

A militância política falsa (e paga) na internet: os militantes de Renan, Aécio e Agnelo que só existem na rede e na imaginação dos marqueteiros

Experimente buscar pela hashtag #Agnelo_Queiroz no Twitter. Surgirão dezenas de mensagens de apoiadores do governador petista do Distrito Federal. Por que um gestor questionado por sua atuação pífia e por ligações com infratores tem tanta popularidade na internet? Já Renan Calheiros (PMDB-AL), presidente do Senado, sabe que não reuniria muitos apoiadores se convocasse um protesto a seu favor. Mas, na rede, a opinião parece mais equilibrada. Uma simples busca pelo nome do peemedebista em caixas de comentários deixará a impressão de que o senador possui um heterogêneo e extenso grupo de apoio.

Desde que voltou ao comando do Congresso, em fevereiro, o senador Renan Calheiros tenta refazer sua imagem. O esforço passa por uma estratégia de guerrilha virtual. Na última sexta-feira, por exemplo, um deles tentava neutralizar os impactos da notícia de que os garçons de Renan recebem 18 000 reais por mês do Senado: "Eu sou garçom e sei que é possível ganhar uma grana dessa! Bom é o Renan Calheiros, que reconhece isso!". A ocupação de espaços destinados aos leitores em portais jornalísticos também é parte essencial da estratégia.

O gabinete de Renan tem um histórico de parceria com P&P Inteligência de Marketing, do publicitário Wilmar Soares Bandeira. Ele é ex-secretário de Comunicação do governo de Alagoas e trabalhou na campanha eleitoral de Renan em 2010. A empresa recebeu 244 000 reais desde novembro de 2010. Wilmar tem uma justificativa um tanto suspeita: diz que sai pela internet produzindo comentários em nome de Renan simplesmente porque gosta do senador. E por que usar nomes falsos? "Eu gosto de fazer comentários; e às vezes você até dá um nome qualquer", tenta explicar. O empresário afirma que não presta serviços a Renan desde setembro.

 Carol Rebonatti
@CaroiRebonatti

meu pai comentou sobre esse lance de votação nominal que o renan calheiros criou.. achei irado também! ow.ly/kAeBV @SENADORRAUPP

6.25 PM - 30 Apr 2013

Outra pista importante: o gabinete do deputado Renan Filho (PMDB-AL), herdeiro do presidente do Senado, costuma fazer pagamentos à empresa Iny Marketing, que atua exatamente na divulgação em redes sociais: apresenta-se em seu site como parceira da P&P e promete a seus clientes "Fidelização e engajamento de seguidores no Twitter". Cícero Gomes, dono da empresa, é alagoano de Murici, a terra natal dos Calheiros. Ele interage com vários dos perfis falsos que apoiam Renan no Twitter. Mas jura que nada tem a ver com a farsa: "O que eu faço é um trabalho de monitoramento".

O time de militantes virtuais de Renan também inclui integrantes do Sindicato dos Guardas Civis de Alagoas e funcionários nomeados pelo senador para seu gabinete. É o caso de Luciano Camelo, que havia sido empossado por ato secreto, acabou exonerado e retornou com o cargo de motorista. Também atuam Dmitriv Ivanov Wanderley de Barros, Eucene Gomes Tenório Acioli e José Valderi Melo, todos lotados no escritório de Alagoas.

Tanto o senador Renan Calheiros quanto o deputado Renan Filho negaram que patrocinam a militância dos perfis falsos na internet. "Eu posso assegurar que o Cícero apenas faz o monitoramento das redes.

Ele não cria perfis falsos", afirma o deputado, que também justifica as conversas com usuários forjados. "Todo mundo que fala comigo, que elogia algum projeto, eu retuíto. É lógico que isso ajuda o meu trabalho. Eu não tenho como saber se as pessoas existem ou não."

Estratégia: Blogs e perfis no Twitter, todos falsos, tentam criar uma onda positiva de opinião sobre o senador e o deputado Renan Filho. Os personagens também comentam em sites de notícias.

Quem está por trás: Renan destinou mais de 200.000 reais à P&P Inteligência de Marketing, mantida pelo publicitário Wilmar Soares Bandeira. Wilmar foi secretário de Comunicação de Alagoas e hoje atua em São Paulo. O herdeiro de Renan, o deputado Renan Filho, mantém um contrato com outro especialista em redes sociais: Cícero Filho, que é de Murici (AL), terra dos Calheiros. No site da empresa de Cícero, a Iny, a P&P aparece na página de parceiros. Assessores de Renan e sindicalistas alagoanos também participam da empreitada.

Justificativa: O senador nega o uso da tática virtual. Renan Filho, por sua vez, diz que Cícero apenas monitora as redes sociais e não produz conteúdo. Os empresários também se eximem de culpa.

Agnelo

Outro político enrolado que recorre a estratégias questionáveis é o governador do Distrito Federal, Agnelo Queiroz (PT). O site de VEJA localizou cinquenta perfis falsos que funcionam apenas para divulgar o nome do governador no Twitter. A hashtag #Agnelo_Queiroz, usada pelos falsários, liga o nome do governador a notícias positivas e ajuda a reverter a imagem ruim do petista, alvo de várias denúncias de corrupção.

Ao contrário do que ocorre com os perfis ligados a Renan, a maior parte dos perfis fictícios de Agnelo funciona de forma automática, como se fossem robôs espalhando periodicamente notícias sobre o governador. Entre os alvos, estão os senadores Cristovam Buarque (PDT-DF) e Rodrigo Rollemberg (PSB-DF) e o ex-deputado Alberto Fraga (DEM).

Alguns perfis, no entanto, se comportam de forma mais elaborada. A principal personagem da turma é uma certa Lúcia Pacci, que se identifica como jornalista e socióloga e informa trabalhar em uma empresa que na verdade não existe. Ela mantém um blog em que, protegida pelo anonimato, faz ataques virulentos a adversários políticos e à imprensa. O deputado Fernando FranCischini chegou a registrar boletins de ocorrência depois de sofrer ameaças. "Eles eram comandados por uma pessoa que fazia defesa do governo. Cada vez que eu tuitava alguma coisa, todos eles ao mesmo tempo respondiam com mentiras deslavadas", diz o parlamentar.

A foto que Lúcia Pacci usa para se identificar na verdade é da atriz francesa Laurence Février. Procurando por Lúcia, a Justiça do Distrito Federal chegou a entregar uma intimação à jornalista Daniela Novais, que escreve para um site local. Ela disse ter ficado surpresa: "Não faço ideia de quem ela seja", diz Daniela.

Lucia Pacci
@LuciaPacci

Fonte informa que Gov Agnelo encarou com naturalidade a convocação p/depor na CPMI e espera poder contribuir p/acabar com a Quadrilha

Um dos seguidores de Lúcia Pacci e de outros perfis falsos pró-Agnelo é o publicitário e marqueteiro político Sérgio Diniz Vieira, que trabalhou na campanha de Agnelo. Ele interage com os amigos inexistentes e compartilha conteúdo espalhado por eles. Diniz, que afirma não manter vínculo empresarial ou empregatício com o governo, é presença frequente em eventos de Agnelo Queiroz. A mulher dele, Rosa Sarkis, exibe em seu histórico profissional um trabalho com o fotógrafo Júnior Takamoto – o mesmo que a fictícia Lúcia Pacci apontou como seu antigo emprego. Além disso, o perfil da bloqueira aponta São Carlos (SP), como terra natal. O site que Sérgio e Rosa mantêm é hospedado em uma empresa de… São Carlos. Sérgio diz que é tudo coincidência.

Agnelo Queiroz

140

Cecília Simões

Governo lança projeto contra venda de armas de brinquedo no DF
g1.globo.com/distrito-feder... #agnelo_queiroz
@Gov_DF

Oswaldo Ramos

GDF faz exames na rodoviária em campanha de combate à hipertensão //
g1.globo.com/distrito-feder... #Agnelo_Queiroz

Edson Noronha

@Edilson_B Reguffe é aquele q n usa verba de gabinete, abre mão de salário extra, não usa asse NÃO FAZ NADA e critica Agnelo Queiroz

Hermano Costa

Maninha PSOL / TCDF pede explicações sobre desvio de R$ 1,3 milhão
correiobraziliense.com.br/app_noticia/ci... E quer falar de Agnelo Queiroz?

Estratégia: O exército fantasma é usado para fazer ataques a jornalistas e adversários políticos do governador. O deputado Fernando Francischini (PSDB-PR) chegou a prestar queixa na polícia depois de receber uma ameaça de morte de um dos perfis.

Quem está por trás: Não há certeza. Um dos suspeitos é o publicitário Sérgio Diniz Vieira, próximo a Agnelo. Ele segue alguns perfis falsos e até compartilha material produzido por eles. Além disso, a mulher de Sérgio, Rosa Diniz, informa ter trabalhado com um certo Júnior Takamoto - tal qual a principal personagem fictícia, Lúcia Pacci. O perfil falso de Lúcia aponta como terra natal a cidade de São Carlos (SP). E, apesar de viver em Brasília, é em uma empresa sãocarlense que Diniz hospeda o seu site. Ele também costuma postar em seu Twitter fotos de eventos de Agnelo, mas diz que comparece a esses atos apenas para manter contato. Uma jornalista de brasília, Daniela Novais, também já foi interpelada pela Justiça como se fosse a autora de parte dos ataques. Ela nega.

Justificativa: O governo ignorou as perguntas do site de VEJA. Sérgio Diniz nega qualquer envolvimento com os perfis falsos - diz que interage com eles mas não conhece quem está por trás dos personagens.

Aécio

O senador mineiro Aécio Neves (PSDB) trabalha para aumentar sua popularidade de olho na eleição presidencial do ano que vem. Com alguma frequência, a equipe de comunicação do PSDB nacional é incumbida de produzir materiais críticos ao governo Dilma Rousseff. O resultado do trabalho, entretanto, não é publicado em páginas oficiais do partido, nem nos perfis oficiais mantidos no Facebook e no Twitter:

chega a uma rede de perfis que, nas redes sociais, podem confundir um observador desavisado. Mas, em bom português, são todos falsos.

Com objetivos diferentes, a militância virtual ganhou um exército de perfis forjados para ajudar na propagação da imagem que os políticos gostariam de alcançar. Eles buscam atingir diretamente o eleitorado ao mesmo tempo em que atacam os rivais: um resultado dificilmente conquistado não fossem as facilidades da internet. Esse serviço durante uma campanha eleitoral para deputado, por exemplo, sai por volta de 25 000 reais. No caso de governadores e presidentes, o valor é um pouco maior.

A prática existe desde que publicitários e marqueteiros perceberam o gigantesco potencial das redes sociais. Inicialmente, a mobilização espontânea de militantes demonstrou ser eficiente. O passo seguinte foi organizar apoiadores pagos para criar uma onda artificial na opinião pública. A prática de usar blogs e plataformas sociais para propaganda dissimulada tem até nome próprio: seeding marketing – o "seeding" vem do verbo em inglês "semear".

O serviço prestado ao PSDB é sofisticado e inclui a criação de personagens virtuais que, apesar de existirem apenas na criativa imaginação de seus idealizadores, comportam-se como pessoas reais. O exército fictício de militantes mantém blogs e perfis nos sites Facebook, Twitter, Google+ e Youtube. Os perfis seguem um padrão: retratam pessoas jovens, de boa aparência e, claro, militantes de Aécio Neves. E, para atrair a confiança dos internautas, fazem comentários sobre esportes, cinema, variedades. Entre um post e outro, embutem um elogio ao senador ou uma crítica ao governo federal. Os publicitários acreditam que, dessa forma, podem conquistar o internauta.

O site de VEJA identificou alguns dos nomes por trás dos militantes falsos pró-Aécio. Um deles é Jorge Lopes Cançado, estudante de publicidade e diretor de Mobilização do PSDB Mineiro. Ele se identifica como "analista de redes sociais". É o mesmo cargo de

Guilherme Parreiras, que também trabalha na manutenção dos perfis fictícios. Ambos moram em Belo Horizonte e trabalham na Brasil Comunicação. Ambos negaram qualquer ligação com a guerrilha virtual de Aécio – apesar dos indícios.

A empresa funciona em um escritório na Savassi, região central de Belo Horizonte. O dono da companhia é Zuza Nacif, publicitário ligado ao secretário-geral do PSDB, o deputado federal Rodrigo de Castro (PSDB-MG). Nacif é um nome já conhecido dentro do PSDB. Foi secretário de Comunicação de Lavras (MG) e atuou em campanhas de diversos tucanos, como a do atual governador de Minas Gerais, Antônio Anastasia. Hoje, com a ala mineira da sigla em evidência, ele tem influência no comando da comunicação social do partido.

Jose Juca do Amaral 🐦 Follow
@amaral_juca

@MaisAecio: o PT se especializou na tática do "quanto pior melhor", exercitada à exaustão contra os governos que o antecederam

11 55 AM - 3 May 2013

O trabalho não se limita às redes sociais. Os analistas também monitoram notícias sobre Aécio Neves e deixam comentários favoráveis ao senador tucano. Para facilitar o trabalho, publicam mensagens idênticas em outros sites jornalísticos, o que demonstra que o objetivo é espalhar a falsa opinião e buscar convencer os leitores. Mas, na saga de atingir o maior número de pessoas, os próprios autores acabam se denunciando.

No dia 4 de março, Augusto Texeira, militante imaginário, escreveu um comentário em uma reportagem sobre o senador mineiro, cujo teor atacava "o populismo de Dilma no Nordeste". Um comentário com expressões idênticas foi publicado no dia 3 de abril, dessa vez pelo publicitário Guilherme Parreiras. "Sou um muito simpatizante do Aécio e contra o PT. Sempre posto coisas relacionadas, leio muito sobre política e devo ter visto um comentário que achei bacana e copiei. Já fiz isso algumas vezes", argumenta. Parreiras diz não se lembrar de onde conhece o militante-fantasma Augusto Texeira, que também é seu amigo no Facebook.

A assessoria de comunicação do PSDB afirma desconhecer a comunidade virtual (e falsa) pró-Aécio e acrescenta que o serviço jamais foi solicitado. A Brasil Comunicação também nega que este seja o serviço prestado pela empresa ao partido – embora admita manter um contrato com os tucanos.

144

 Augusto Texeira 4/03/2013

O populismo de Dilma no nordeste não assusta o senador Aécio Neves até porque a
má gestão da presidente não se explica, roubar ideia do PSDB, como do imposto
zero na cesta básica também não é explicado, usar de pronunciamento para fazer
campanha política é uma vergonha. O PT vive de mentiras e de benefícios do PSDB.
2014 Aécio Neves como presidente é de quem o Brasil precisa

Responder

Guilherme Parreiras (entrou usando Hotmail)

O populismo de Dilma no nordeste não assusta o senador Aécio Neves até porque a má gestão da presidente não se explica,
roubar ideia do PSDB como do imposto zero na cesta básica também não é explicado, usar de pronunciamento para fazer
campanha política é uma vergonha. Manipuladora isso sim que Dilma é! O PT vive de mentiras e de benefícios do PSDB. 2014
Aécio Neves como presidente é de quem o Brasil precisa por um Brasil moderno e com qualidade.

Responder · 2 · Curtir · Seguir publicação · 3 de abril às 11:52

Estratégia: O foco é a promoção do nome de Aécio Neves, potencial candidato do partido à
Presidência da República, e críticas ao governo Dilma. As ferramentas: blogs, comentários em
sites de notícias, Twitter, Facebook, Google, Youtube. O site de VEJA identificou
aproximadamente uma dezena personagens fictícios utilizados.

Quem está por trás: O PSDB contratou a Brasil Comunicação, do publicitário Zuza Nacif, para
comandar a estratégia de guerrilha virtual. A empresa tem sede em Belo Horizonte e emprega
dez funcionários.

Resposta: Os tucanos alegam que Zuza foi contratado apenas para criar e manter o site do
partido. A Brasil Comunicação afirma não produzir conteúdo pelas redes sociais.

Imagem

A criação de um exército de apoiadores fictícios compensa porque,
além de relativamente barata, não oferece grandes riscos aos
parlamentares e governantes. "Esses políticos estão buscando
minimizar ou equilibrar as dosagens de intenções negativas que possam
existir nesses ambientes contra a sua reputação", diz Alexandre
Atheniense, advogado especializado em direito digital. O jurista afirma
que a prática não é crime, já que não está relacionada a alguém que já
existe. "Mas é condenável", reforça.

Agnelo Queiroz   Evan do Carmo

145

O pesquisador especialista em marketing político da ESPM Victor Trujillo ressalta os prejuízos que a prática pode trazer. "O nome do jogo hoje é transparência, honestidade. Os eleitores estão muito sensíveis. Se o candidato é desonesto já com uma coisa simples, isso diz tudo para o eleitor", afirma Trujillo. "Essa é uma ação obsoleta, que não funciona e os resultados são contraproducentes do objetivo que se quer alcançar. Gera um desgaste perante a opinião pública."

Por Reinaldo Azevedo

STF abre inquérito contra governador do DF, Agnelo Queiroz

O ministro do STF (Supremo Tribunal Federal) Luís Roberto Barroso acatou um pedido do Ministério Público e abriu inquérito contra o governador do Distrito Federal, Agnelo Queiroz (PT). Ele é suspeito de ter cometido crimes contra a administração pública quando foi diretor da Anvisa (Agência Nacional de Vigilância Sanitária) entre 2007 e 2010. O pedido de abertura de inquérito teve como base os desdobramentos Operação Panacéia, da Polícia Civil de Minas Gerais. Ela apurou indícios de envolvimento de assessores de Agnelo com um grupo farmacêutico acusado de fraudes, formação de cartel e sonegação fiscal.

Escutas telefônicas feitas pela polícia revelam que representantes do laboratório Hipolabor, com sede em Minas, recorriam a assessores próximos de Agnelo para agilizar demandas na Anvisa.

(...)

Além de Agnelo, também responderá ao inquérito o deputado Fábio Ramalho (PV-MG). Devido à presença dele o caso foi para o STF. Se estivesse somente o governador sendo investigado a apuração caberia ao STJ (Superior Tribunal de Justiça). Ramalho é investigado pois ele foi acionado pelo grupo laboratorial para agendar audiências na Anvisa.

(...)

147

Buraco negro da corrupção pode engolir Arruda, Roriz e Agnelo Queiroz.

Agnelo Queiroz, Joaquim Roriz e José Roberto Arruda: vozes das ruas buscam outros nomes, que não estejam sob suspeita

Joaquim Roriz, **José Roberto Arruda** e governador **Agnelo Queiroz**: denúncias de corrupção podem dar em nada, mas vão fazer um grande estrago na disputa eleitoral se eles vierem a disputar cargos públicos.

Nada pior para um político do que denúncias de suposta corrupção em suas gestões, principalmente em ano pré-eleitoral ou em plena campanha política. Este, sem dúvida, é maior pesadelo que, além de tirar o sono, mancha qualquer biografia, pois no momento a Justiça não tem poupado quem é pego com a mão nos cofres públicos.

A recente reportagem da revista **ISTOÉ** denunciando desvios de recursos públicos na construção do Metrô de Brasília atinge em cheio os ex-governadores Joaquim Roriz e José Roberto Arruda (ambos sem partido). Eles têm anunciado, via apoiadores, que podem ser candidatos ao Palácio do Buriti em 2014. Mesmo desmentindo a reportagem, nesta altura dos acontecimentos, fica difícil convencer a opinião pública de que Roriz e Arruda desconheciam um contrato de obra tão caro. Nenhum governador fica alheio ao que ocorre no âmbito de sua gestão, principalmente se tiver um contrato de milhões em execução.

Agnelo Queiroz   Evan do Carmo

Na mesma vala encontra-se o governo de Agnelo Queiroz (PT). A julgar pelas denúncias publicadas, quase diariamente nos blogs, principalmente pelo jornalista Mino Pedrosa (agora também colunista do "Jornal de Brasília"), a situação do governador petista junto à opinião pública não é das melhores. Passou pelo escândalo Cachoeira, contrato de shows superfaturados, conforme questionamento do Tribunal de Contas do DF e, finalmente, no escandaloso custo do Estádio Nacional Mané Garrincha. Obra que pode chegar ao custo final na estratosférica soma de R$ 1,8 bilhão (!), segundo especulações que circulam em Brasília.

Nesta conta ficam fora pequenos gargalos de suspeição na saúde, transporte público, administrações regionais e, por último, de acordo com Mino Pedrosa, o relatório da produtora Canal 27 — empresa responsável pela campanha de Agnelo — , que mostra o homem de confiança do governador, **Abdon Henrique Araújo** "recebendo propina".

Com tanta frente de desgaste, como Agnelo vai convencer o eleitor de que é meramente uma vítima de perseguições políticas? Demorou, mas ele está sendo sugado pelo buraco negro de supostas corrupções. Diante deste quadro, imagine um debate na televisão e rádio, com Agnelo confrontado por outros candidatos aos quais não consta no currículo qualquer suspeição pública. O governador, por mais bem intencionado que seja, não terá argumentos para convencer o eleitor de que "tudo foi em nome do interesse do povo", como os petistas adoram alardear.

Agnelo Queiroz assina contrato de planejamento estratégico em Cingapura

GDF firma parceria para realizar o projeto Brasília 2060, que vai planejar o desenvolvimento econômico da capital para os próximos 50 anos

Diante de 400 empresários, investidores e autoridades, o governador Agnelo Queiroz assinou na manhã desta quarta-feira, em Cingapura, o contrato para que a Jurong Consultants faça o planejamento estratégico do Distrito Federal para os próximos 50 anos – o projeto Brasília 2060. "Hoje é um dia histórico. Estamos pensando o futuro da nossa cidade, preparando o caminho para que ela se torne uma das cinco melhores do mundo para se viver", disse o governador.

A assinatura do contrato entre o GDF e a Jurong Consultants aconteceu na abertura do Latsia 2012, fórum anual de negócios envolvendo América Latina e Ásia. Outras três delegações brasileiras estavam presentes no evento – os governos de Minas Gerais e Rio de Janeiro e uma comitiva do Ministério da Defesa.

O embaixador brasileiro em Cingapura, Luís Fernando Serra, comemorou a coincidência de datas entre o evento e a assinatura do contrato. "Neste ano que estou aqui, acompanhei seis governadores brasileiros em Cingapura, mas até então ninguém havia conseguido tanta visibilidade quanto a que o governador Agnelo Queiroz conseguiu hoje", declarou. "JK construiu Brasília pensando em fazer o Brasil avançar 50 anos em 5. Agora, o governo Agnelo pensará Brasília para os próximos 50 anos", disse o deputado Israel Batista, membro da delegação do DF.

Emoldurada pelo Latsia 2012, a contratação dos cingapurianos pelo GDF acabou sendo aplaudida pelo ministro da Indústria e Comércio local, Lim Hng Kiang; pelo presidente da antiga Comissão Andina de Fomento (CAF, hoje rebatizada de Banco de Desenvolvimento da América Latina), Enrique García; e por Eric Farnsworth, vice-presidente do Conselho das Américas. Todos estavam presentes no auditório do Hotel Fairmount, onde Lim, pelo lado cingapuriano, e Israel Batista, pelo DF, serviram de testemunhas do negócio.

O contrato será executado a partir da próxima semana, quando está programada a primeira visita oficial dos técnicos da Jurong a Brasília. Pelos próximos 24 meses, eles levantarão todas as características topográficas, sociais e econômicas de cada recanto do DF. Produzirão relatórios e estudos e, por fim, entregarão o planejamento estratégico detalhado, o que está previsto para abril de 2014. Pelo serviço, o GDF pagará US$ 4,25 milhões.

No início de setembro, uma equipe precursora da Jurong esteve em Brasília, sobrevoou a cidade e recebeu as primeiras informações a respeito das várias ações do governo. "Vários dos nossos problemas, da segurança aos transportes, derivam do fato de a riqueza estar concentrada territorialmente no Plano Piloto e na região dos lagos. Precisamos distribuí-la por todas as áreas do Distrito Federal", explicou o governador.

Para tanto, o planejamento estratégico criará uma espinha dorsal que integrará quatro grandes eixos: a cidade-aeroportuária, inicialmente programada para ser instalada nas proximidades de Planaltina; o polo logístico, entre Samambaia e o Recanto das Emas; o centro financeiro internacional, próximo a São Sebastião; e a ampliação do Polo JK, em Santa Maria, saída para Luziânia. A Cidade Digital, na região do Torto, não entrou na lista porque já está em processo mais avançado de realização – mas será considerada como corredor de desenvolvimento no projeto final.

Bairros-parque – Em cada um desses locais será planejado um conceito de bairro-parque, em que as pessoas moram, trabalham, estudam e, sobretudo, se divertem. Tudo construído segundo ideias arquitetônicas próprias. A delegação do DF teve a chance de conhecer in loco aquilo do que se está falando, ao visitar, na última segunda-feira, o complexo One North Park, conjunto de quatro grandes bairros planejados pela Jurong em Cingapura.

A empresa detém no portfólio mais de 1,7 mil projetos semelhantes pelo mundo, muitos deles feitos na China – o que explica em parte o frenético ritmo de crescimento econômico chinês.

Para o embaixador Luís Fernando Serra, tão importante quanto o serviço em si será o que ele pode render em termos de investimentos. "A Jurong imprime um selo de qualidade mundial em seus projetos, e isso acaba fazendo com que muitos investidores se sintam confortáveis em participar só pelo fato de eles estarem envolvidos."

Em Minas Gerais, onde a consultoria do governo de Cingapura planejou o corredor entre Belo Horizonte e o aeroporto de Confins, os investimentos diretos estrangeiros saíram de zero para R$ 4 bilhões em três anos e meio.

Atuação conjunta com asiáticos – Minutos antes de contratar a Jurong Consultants para fazer o planejamento estratégico do Distrito Federal, o governador Agnelo Queiroz firmou uma parceria com o governo de Cingapura para, entre outras coisas, treinar gratuitamente gestores públicos brasilienses. Inicialmente, uma equipe de 20 servidores do GDF será recrutada para viajar à Ásia e receber cursos de gestão e planejamento.

"Como estamos fazendo um plano de longo prazo, precisamos que funcionários públicos detenham conhecimento para executar as diretrizes, para elaborar os projetos junto com os cingapurianos e para treinar futuras gerações de servidores com as mesmas normas de excelência em gestão e planejamento", considerou o governador.

O Distrito Federal e Cingapura assinaram documento para formalizar a parceria com a IE Singapore, empresa de relações internacionais também ligada ao Ministério da Indústria e Comércio. "Além do treinamento dos nossos servidores, o memorando com a IE nos possibilitará realizar eventos no exterior e fazer contatos com investidores, tudo com apoio deles", declarou Odilon Frazão, chefe da Assessoria Internacional do GDF.

O início - O secretário de Assuntos Estratégicos, Newton Lins, que recebeu, em março de 2011, a primeira missão de representantes de Cingapura em Brasília, comemorou a iniciativa do governador Agnelo Queiroz.

A missão em Cingapura, realizada no ano passado pela Secretaria de Estado de Assuntos Estratégicos (Seae) com a colaboração do então secretário-coordenador de Assuntos Internacionais, Salviano Guimarães, atendeu o interesse do GDF em importar conhecimentos de um território que é ainda mais novo do que Brasília. Com apenas 47 anos, a cidade asiática constitui um dos polos mais modernos do mundo e associa alta tecnologia, sustentabilidade e competitividade. "É tudo o que Brasília precisa para gerar emprego sem comprometer o meio ambiente e a qualidade de vida da população do Distrito Federal", enfatizou Lins.

GDF apresenta balanço de dois anos de governo

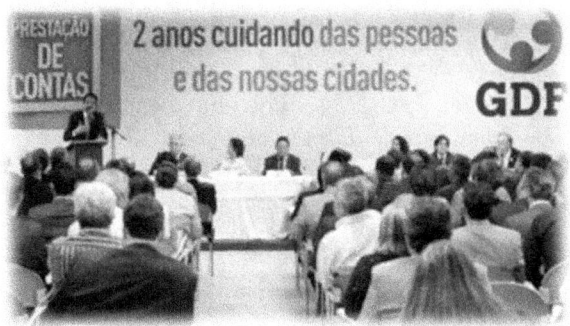

Agnelo Queiroz avaliou as principais ações realizadas desde o início de sua gestão. Ele destacou ainda as diretrizes e os investimentos para garantir a eficiência dos serviços que serão prestados em 2013

O resultado de dois anos de gestão foi avaliado na tarde desta quinta-feira (20), no Centro de Convenções Ulysses Guimarães, durante reunião do governador do Distrito Federal, Agnelo Queiroz, com todos os secretários de Estado, secretários-adjuntos, administradores regionais e presidentes das empresas públicas. Na ocasião, ele também apresentou um plano de ação para os próximos dois anos de governo.

Acompanhado da primeira-dama, Ilza Queiroz, o governador destacou a melhoria na eficiência dos serviços públicos prestados à população nas áreas da saúde, inclusão social, desenvolvimento urbano, sustentabilidade, grandes eventos, desenvolvimento econômico, educação, cidadania, qualidade de vida, participação social, gestão e transparência, mobilidade urbana e cidades.

"Eu fiz um balanço dos dois anos iniciais e um plano de ação para a segunda metade do governo. Em 2013, vamos fazer um investimento de R$ 3,5 bilhões, nas áreas de transporte público, saúde, educação e segurança pública", afirmou o governador.

De acordo com Agnelo Queiroz, serão construídas seis UPAs, além de novas Clínicas da Família e Unidades Básicas de Saúde. Também está incluída nesse investimento a construção de 116 creches em tempo integral, com 220 vagas cada uma, além de reforço no efetivo da Segurança Pública. "Nesses dois anos, contratamos muito na área de Saúde e vamos poder fazer o mesmo em 2013 na Segurança Pública, com concurso para 1.000 policiais", detalhou o governador.

"Temos uma perspectiva maravilhosa. Foram dois anos duros de recuperação e enfrentamentos. Agora, entraremos na fase de entregar o que planejamos e cumprir os compromissos que assumimos", completou Agnelo Queiroz.

Balanço e perspectivas –Durante o encontro, o governador fez uma palestra sobre as obras que serão concluídas em 2013 e ressaltou a vitória no avanço da licitação do transporte coletivo. Ele reforçou a meta de oferecer uma frota renovada nas ruas do DF a partir de maio do ano que vem.

O chefe do Executivo lembrou, ainda, o investimento recorde na CEB para recuperar o sistema, que se encontrava sucateado."Hoje mesmo inauguramos a subestação do Gama, aumentando a potência de 34,5 Kv para 138 Kv. Isso vai melhorar o abastecimento daquela região e diminuir a sobrecarga em Taguatinga", explicou Agnelo.

Segundo ele, o GDF está investindo R$ 160 milhões em fornecimento de energia elétrica para dar sustentação ao Estádio Nacional de Brasília Mané Garrincha e todo centro de Brasília. "No total, serão aplicado 300 milhões na recuperação da CEB", frisou o governador.

Na área da Saúde, o governador Agnelo Queiroz destacou que, desde o início de 2011, o GDF investe na construção e reforma das unidades de saúde, além de programas especializados em atendimento. Um exemplo desse modelo é a Carreta da Mulher, que atende as comunidades com menos acesso a serviços como exames de ultrassonografia, mamografia e citológico. Desde março deste ano, a Carreta já realizou mais de 25 mil exames.

Priorizando um modelo de gestão pública com participação social, o GDF implementou importantes instrumentos com o objetivo de assegurar a participação da sociedade nas decisões das políticas públicas para o DF. Exemplos dessa gestão compartilhada são o Orçamento Participativo e a criação do Conselho de Desenvolvimento Econômico e Social do DF (CDES-DF), o Conselhão, que apresentou, com resultados positivos, o balanço do primeiro ano de atuação.

Para 2013, será feito um grande investimento em obras de ampliação do sistema de drenagem para evitar inundações causadas por fortes chuvas nas cidades. As obras estão sendo licitadas.

União de forças - Outro destaque foi a parceria do GDF com o governo federal para a melhoria de diferentes setores. Na Habitação, o plano é assegurar a entrega de 100 mil moradias até o fim de 2014. A aplicação dos recursos do PAC em vários programas também é um dos exemplos dessa união. "Essa relação estreita com o governo federal em todas as áreas traz benefícios para o nosso povo", salientou Agnelo Queiroz.

"Vou coordenar o cumprimento das metas pessoalmente, junto com a Casa Civil, que ficará a cargo dessa missão com as secretarias", afirmou Agnelo Queiroz.

Dentro das ações conjuntas também está a continuidade da migração dos programas de assistência social do DF para o modelo do Programa Brasil Sem Miséria, do governo federal. Esse processo já está em execução e conta com a complementação do GDF para garantir a renda mensal *per capita* mínima de R$ 100.

Atualmente, mais de 250 mil famílias estão inseridas no Cadastro

Único do programa, e 93.490 já são beneficiadas pelo Bolsa Família. Ao todo, o governo local investe mensalmente cerca de R$ 4,2 milhões para ampliar o auxílio.

Centro Administrativo – Uma importante ação para promover a descentralização administrativa e econômica do Plano Piloto é a conclusão do novo Centro Administrativo, localizado em uma área de grande densidade populacional. "É uma obra que chega a aproximadamente R$ 700 milhões. Hoje nós temos muitos prédios alugados, velhos, com desperdício grande de energia e de água. É a grande chance da virada para modernizar a administração púbica do DF", expôs o governador.

A revitalização do patrimônio histórico e cultural do DF até 2014 foi outra meta estipulada. Agnelo Queiroz também destacou a conclusão do Estádio Nacional Mané Garrincha em 2013 como "equipamento indispensável para manter nossa economia viva".

Além do governador, fizeram parte da mesa a primeira-dama, Ilza Queiroz; o secretário-chefe da Casa Civil, Swedenberger Barbosa; os secretários de Governo, Gustavo Ponce; de Planejamento e Orçamento do DF, Luiz Paulo Barreto; de Fazenda, Adonias Santiago, e a líder do governo na Câmara Legislativa, a deputada distrital, Arlete Sampaio.

Agnelo Queiroz fez menção especial ao vice-governador Tadeu Filippelli, que não pôde participar por motivos de saúde. "Tenho um vice participativo, que divide tarefas, se empenhanha, integrado de fato à rotina do governo, dividindo tarefas e responsabilidades. Quero aqui fazer um agradecimento especial", conclui o governador.

Caravana nas Cidades chega a Vicente Pires

Em 2013 Agnelo empreendeu uma campanha de visitar as cidades para ouvir dos seus moradores as suas reivindicações.

Regularização foi o principal tema das reivindicações das lideranças comunitárias

VICENTE PIRES (10/5/13) - Quarta região administrativa a ser visitada pelo projeto Caravana nas Cidades, Vicente Pires recebeu hoje o governador Agnelo Queiroz e secretários de Estado que ouviram as reivindicações dos moradores e lideranças comunitárias.

"Nosso objetivo em estar aqui é ouvir mais os segmentos e áreas que estão organizadas. Esta é uma oportunidade para debates entre o

governo e a comunidade, assim conseguimos de forma rápida ter um panorama geral da cidade", explicou o governador.

Ao chegar a Vicente Pires, o governador caminhou pela rua 8, do bairro de São José, onde conversou com populares e verificou a qualidade do serviço de drenagem e recuperação de asfalto dessa que é a principal via de acesso para a comunidade e que foi pavimentada nessa gestão.

Na mesma rua, ele visitou a chácara de um produtor de uva que tem atualmente 2 mil pés da fruta em seu parreiral.

Na ocasião, o chefe do Executivo local acolheu o pedido de regularização das terras, que possibilitará o recebimento de benefícios, como os financiamentos para a produção agrícola.

"Nosso governo não vai empurrar com a barriga os problemas de 15 anos atrás. Vamos resolver, regularizar e garantir os direitos dos cidadãos", afirmou Agnelo Queiroz.

REGULARIZAÇÃO - A principal reivindicação dos moradores é a regularização, um compromisso assumido pelo governador, que afirmou atender a comunidade até o fim de seu mandato.

"Não vamos esperar a regularização para melhor a vida (dos cidadãos) de Vicente Pires. Faremos um investimento de R$ 420 milhões em pavimentação com drenagem pluvial para que seja uma obra permanente", declarou.

A região administrativa receberá, ainda, a duplicação de vias, o encontro da Rua 4 com a 8, o que facilitará a locomoção dos moradores e mais três Pontos de Encontros Comunitários (PECs).

O governador Agnelo dá Entrevista exclusiva ao Jornal de Vicente Pires

Evan do Carmo entrevista o Governador Agnelo

Boa tarde, Governador, como se sente hoje com relação ao seu governo? Tá mais calmo?

Arrumamos a casa. Agora é realizar, realizar, realizar. A cidade está bem estruturada para seguir em frente.

VP: Estou aqui com uma lista apresentada pelo Dirsomar Chaves, presidente da ARVIPS, que representa os moradores de Vicente Pires,

com várias reivindicações. O Senhor já recebeu a lista, e o que tem a dizer aos moradores e leitores do Jornal de Vicente Pires?

Agnelo: Eu fiz um compromisso com a população da comunidade de Vicente Pires. A ilegalidade, a instabilidade, não ter a sua propriedade, o comércio, a falta de intervenção pública – isso é um desastre, fruto da falta de regularização. Eu, pessoalmente, tenho a regularização da cidade como uma das minhas tarefas principais. Conseguiremos a autorização do governo federal e isso possibilitará a regularização individual de lotes e casas.

Temos tanta confiança na regularização que já consegui um recurso para fazer a pavimentação de Vicente pires, com drenagem, águas pluviais, estrutura, e não aquele asfalto vagabundo que sai na primeira chuva. Estamos estruturando para fazer algo definitivo, com qualidade. Já temos o recurso. Agora estamos na etapa de projeto e licitação, junto à presidenta Dilma, que tem sido uma verdadeira mãe do DF, e obtivemos recursos do PAC para tal fim. Aprovamos também o projeto urbanístico da cidade. Vamos fazer escolas, praças, duplicação de vias, instalações de saúde.

VP: E quando esse dinheiro poderá ser gasto? Depende da regularização?

Agnelo: Não. Já estamos tocando o projeto. Queremos aproveitar a estiagem desse ano para fazer boa parte das obras, então pretendemos acelerar o processo.

VP. É possível implantar a clínica da mulher mesmo sem regularização? Quando isso vai acontecer?

Agnelo: É difícil botar um equipamento público numa área não regularizada. Visto que instalações de saúde se tratam de uma ação humanitária, fazemos esforços, alugamos prédios, tentamos de todos os meios. Isso também está sendo paralelamente tocado. É possível fazer sem regularização, mas é mais provável que as duas coisas aconteçam simultaneamente.

VP: E a ponte da marginal? Sai ainda nesse mandato?

Agnelo: É possível. Como se trata de uma obra pública, são necessários projetos, licitações, etc. Leva tempo. A nossa ideia é fazer essa ponte para facilitar a vida das pessoas daquela região o mais rápido possível.

VP: E o acordo de 2009 para a venda direta dos lotes aos moradores. O senhor tem a intenção de manter esse acordo? Como será a forma de venda e de pagamento?

Agnelo: Queremos a venda direta. Isso dá a condição para o morador atual resolver e legalizar sua moradia ou comércio. O valor será o de terra nua, pois é o que é justo.

VP: Se especulou na cidade que as áreas comerciais passarão por licitação.

Agnelo: A venda direta existe para evitar isso. A licitação favorece os grandes comerciantes, e nossa intenção é proteger aqueles que chegaram ali primeiro. Queremos dar a eles a capacidade de regularizar sua situação, cumprir com seus compromissos. Eles terão um ganho indireto sobre a valorização das terras que possuem, e isso é muito justo, visto que as melhorias que valorizaram os imóveis foram feitas justamente pelos moradores e comerciantes que hoje as possuem.

Agnelo Queiroz reúne secretariado para balanço de ações

Chefes das secretarias apresentaram dados de 2013 e governador pediu unidade nos próximos meses

BRASÍLIA (27/9/13) – O governador Agnelo Queiroz reuniu todo o secretariado hoje, no Palácio do Buriti, para fazer um balanço das ações, pedir mais "empenho" nos projetos em execução e que as secretarias funcionem com "unidade" nos próximos meses.

"É preciso muita dedicação e maior eficiência na execução dos projetos até o fim do ano. Unidade é a palavra chave do governo", destacou Agnelo Queiroz.

Como exemplo de unidade, o governador citou a licitação no transporte público, que já colocou nas ruas 286 veículos novos e equipados para atender à população da capital do país, e disse que a medida foi uma demonstração que "o governo enfrentou o modelo vigente e teve coragem de fazer a mudança".

"Não se pode mais perder tempo, porque a população não pode mais esperar", enfatizou Queiroz aos secretários, ao lembrar que, até o fim do ano, a totalidade de 3 mil ônibus estará nas ruas.

Essa é a mesma opinião do vice-governador Tadeu Filippelli, que acredita que "é preciso ter uma unidade de governo para consolidação das ações", e que esse esforço demonstra "a alegria de caminhar juntos".

O governador lembrou, ainda, que a execução orçamentária este ano já é de R$1,8 bilhão e pode chegar aos R$ 2 bilhões até dezembro, montante investido em obras e melhorias de infraestrutura. O valor está acima do que o executado em 2012, cerca de R$ 1,5 bilhão.

O chefe do Executivo local também lembrou dos reajustes concedidos a 23 carreiras do GDF, e da política de valorização dos servidores da carreira pública, que ganhou 23 mil novos servidores efetivos desde 2011.

Para 2014, Agnelo Queiroz anunciou a transferência do Executivo para o novo Centro Administrativo, que funcionará em um prédio próximo à Rodoviária de Taguatinga.

"O governo terá mais condições de ter uma gestão mais eficiente e moderna, com toda a Administração Pública funcionando em um único local", finalizou.

Intervenção nas empresas da família Canhedo é histórica, diz Agnelo

Depois de assumir a gestão das empresas do grupo Canhedo, o governo vai demitir cerca de 3 mil funcionários do conglomerado e, aos poucos, eles serão recontratados pelas empresas vencedoras da licitação pública

Garagem da Viplan: gestão das empresas Canhedo ficará sob a responsabilidade da TCB

O governador Agnelo Queiroz classificou a <u>intervenção nas empresas da família Canhedo</u> como "um dia histórico". Em coletiva à imprensa, acompanhado do vice-governador Tadeu Filippelli e do secretário de Transportes, José Walter Vasquez, Agnelo disse que a medida era necessária para garantir transporte de qualidade à população. "Estava havendo sabotagem e terror com os rodoviários e estava em risco um

serviço essencial para a população, que é o transporte público",
explicou o governador. "Nenhum barão dos transportes impedirá que a
população tenha um serviço de qualidade", disse.

Depois de assumir a gestão das empresas do grupo Canhedo, o governo
vai demitir cerca de 3 mil funcionários do conglomerado e, aos poucos,
eles serão recontratados pelas empresas vencedoras da licitação
pública. O GDF pagará os direitos trabalhistas, o que deverá custar
cerca de R$ 15 milhões. "Fizemos a licitação, mas enfrentamos
reiteradas tentativas de sabotagem. Temos centenas de ônibus novos
parados e precisamos dos trabalhadores para que eles entrem em
operação", explicou o governador.

A gestão das empresas ficará sob a responsabilidade da TCB
(Sociedade de Transportes de Brasília). O presidente da empresa,
Carlos Alberto Koch, disse que a Viplan tem linhas rentáveis e que a
expectativa é que a arrecadação pague toda a operação. "Nossa meta é
assumir a gestão por no máximo 60 dias, portanto até fevereiro",
explicou.